我国非金融企业不良资产业务模式研究

吴凡　著

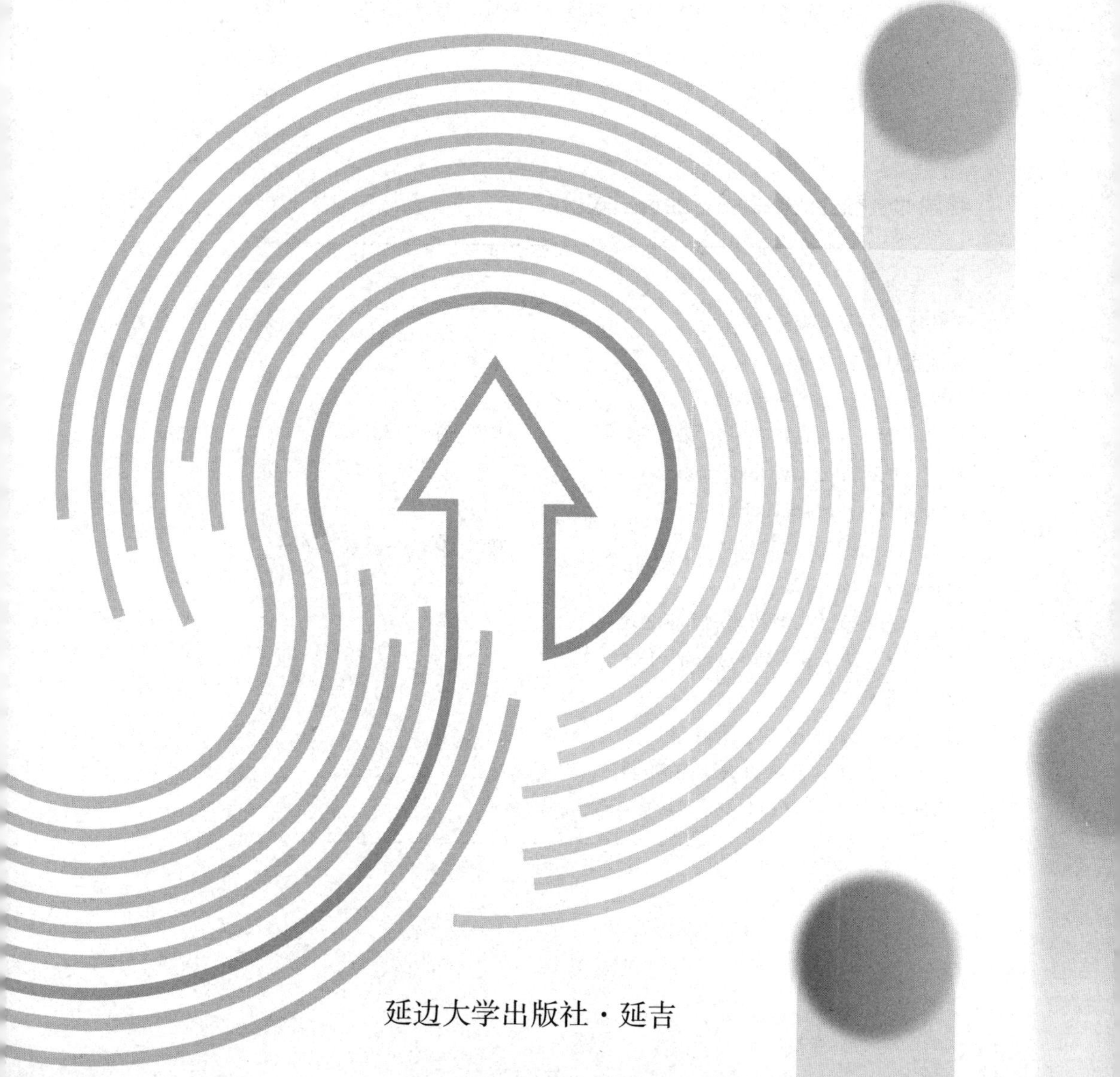

延边大学出版社·延吉

图书在版编目（CIP）数据

我国非金融企业不良资产业务模式研究 / 吴凡著
. -- 延吉 : 延边大学出版社, 2024.1
ISBN 978-7-230-06211-4

Ⅰ. ①我… Ⅱ. ①吴… Ⅲ. ①企业管理－资产管理－研究－中国 Ⅳ. ①F279.23

中国国家版本馆 CIP 数据核字(2024)第 044735 号

我国非金融企业不良资产业务模式研究

著　　者：吴　凡
责任编辑：董德森
封面设计：文合文化
出版发行：延边大学出版社
社　　址：吉林省延吉市公园路 977 号　　邮　　编：133002
网　　址：http://www.ydcbs.com
E-mail：ydcbs@ydcbs.com
电　　话：0433-2732435　　传　　真：0433-2732434
发行电话：0433-2733056
印　　刷：廊坊市海涛印刷有限公司
开　　本：787 mm×1092 mm　1/16
印　　张：13　　字　　数：190 千字
版　　次：2024 年 1 月 第 1 版
印　　次：2024 年 4 月 第 1 次印刷
ISBN 978-7-230-06211-4

定　　价：60.00 元

前　言

2023年中央金融工作会议指出，要坚持把金融服务实体经济作为根本宗旨，坚持把防控风险作为金融工作的永恒主题，以全面加强监管、防范化解风险为重点，坚持稳中求进工作总基调，统筹发展和安全，牢牢守住不发生系统性金融风险的底线，坚定不移走中国特色金融发展之路。

要积极稳妥防控房地产、中小金融机构、地方政府债务等重点领域风险，关键之一在于加大不良资产处置力度。考虑到这三大领域风险主要源自非金融企业杠杆过高、资产贬损、经营困难等诸多问题，因此加快非金融企业不良资产处置，化解非金融企业各类风险，是下一步金融工作的重点之一。

当前，我国非金融企业不良资产规模庞大，低效闲置资产盘活空间巨大，化解各类风险、盘活存量资产任务重、时间紧，对金融工作提出了更高的要求。我国非金融企业不良资产业务实践较为成熟，资产管理公司等机构在该领域充分发挥专业化解风险的作用，取得了一定成效。但近年来该业务迅猛扩张，出现“类信贷”“资产来源不真实”“脱离主责主业”等问题，成为监管部门和市场关注的焦点。该业务要不要干、怎么干、能不能做好风险化解等成为监管部门、金融机构及学界讨论研究的热点。因此，开展非金融企业不良资产业务研究，对于当前和下一个阶段如何化解重点领域风险、助力非金融企业实现可持续健康发展、推动资产管理公司等不良资产经营机构聚焦主责主业，具有重大的理论意义和现实意义。

在此形势下，本书对非金融企业不良资产业务展开研究，客观肯定了其在化解非金融企业的诸多风险方面发挥的重要作用，并科学分析该业务的难点、短板和风险点，总结该业务在实践中的经验与优势，进一步借鉴国外成熟经验，拓展该业务概念内涵及外延，提出非金融企业不良资产业务三大模式，从不良资产处置的角度为防范重点领域风险提出市场化、法治化、可落地的实施路径。

本书围绕我国非金融企业不良资产业务模式展开研究，首先介绍了非金融企业不良资产业务的理论基础，接下来对国内外非金融企业不良资产业务模式进行对比研究，并分析了非金融企业不良资产业务的现状与发展趋势，对典型案例展开分析。本书所举案例中涉及一些公司的商业操作，已对相关公司做化名处理。

本书在写作过程中，参阅了大量国内外相关资料，对于所参考引用的文献资料，都在书中尽量标明其出处，对这些资料的作者及学术界前辈表示深深的敬意和衷心的感谢。但由于资料繁多，来源广泛，仍然有一些资料没有查明出处或作者，特此表示歉意。由于知识和经验的局限，书中不足之处在所难免，切望广大读者提出批评和意见。

目 录

第 1 章 研究背景和内容

1.1 研究背景

近年来，世界百年未有之大变局加速演进，各类不确定、不稳定的外部因素交织，国际形势更趋复杂，国内经济发展也面临有效需求不足、部分行业产能过剩、社会预期偏弱、风险隐患依然较多等挑战。在上述影响下，我国房地产、地方政府债务和中小金融机构等领域形势复杂，实体经济低效运行、资源浪费等诸多问题频发[1]。国有企业投资分散、主业优势不突出，以及“僵尸企业”规模持续增大等问题依然存在，中央企业（以下简称央企）在经济发展中的引领作用有待进一步发挥，民营企业（以下简称民企）融资难、融资贵等问题仍需进一步解决，更出现部分企业因为各种原因而突发性停贷、断贷，从而一度陷入无法正常经营的局面。

为进一步服务经济社会高质量发展，支持实体经济，2023 年中央经济工作会议强调持续有效防范化解重点领域风险，要统筹化解房地产、地方债务、中小金融机构等风险。2023 年中央金融工作会议指出，经济金融风险隐患仍然较多，金融服务实体经济的质效不高，会议强调坚持稳中求进工作总基调，统筹发展和安全，牢牢守住不发生系统性金融风险的底线，要求及时处置中小金融机构风险，建立防范化解地方债务风险长效机制，完善房地产金融宏观审慎管理，提出着力打造现代金融机构和市场体系，疏通资金进入实体经济的渠道。

在目前及可预见的一段时间内，坚持把金融服务实体经济作为根本宗旨，坚持把防控风险作为金融工作的永恒主题，统筹发展和安全，牢牢守住不发生系统性金融风险的底线，坚定不移走中国特色金融发展之路，是金融工作的重要内容。第十四届全国人民代表大会常务委员会针对国务院关于金融工作情况的报告发布了《对金融工作情况报告的意见和建议》，明确表示要加快不良资产处置，统筹协调各类重点风险的防范化解工作[2-3]。

为应对金融危机、化解金融风险，系统性解决银行业不良资产等问题，我国在吸取和总结国际经验的基础上，于 1999 年设立了四家金融资产管理公司（以下简称资产管理公司），设立初期的主要业务为收购、管理和处置从国有商业银行中剥离的不良资产，支撑国有银行“甩掉包袱，轻装上阵”[4]。传统银行的不良贷款收购业务无法满足资产管理公司商业化转型发展的要求，资产管理公司面临探索可持续增长的盈利模式，实现可持续发展的新局面[5-6]。同时，我国传统金融不良资产市场竞争激烈，银行惜售不良资产，并希望在内部系统中化解风险、留存利润，而非金融企业不良资产呈现快速增长态势。因此，拓展非金融企业不良资产业务（以下简称非金业务）成为资产管理公司实现主业做大做强的重要路径[7]。2010 年，中国信达资产管理股份有限公司（以下简称信达或信达公司）获准开展非金融机构不良资产申购业务，2012 年，中国银行业监督管理委员会（2018 年改为中国银行保险监督管理委员会，即银保监会，银保监会 2023 年改为国家金融监督管理总局）下发《金融资产管理公司收购非金融机构不良资产管理办法（征求意见稿）》，2015 年，中华人民共和国财政部颁发《金融资产管理公司开展非金融机构不良资产业务管理办法》（以下简称《管理办法》）等相关政策，资产管理公司服务对象从传统的银行等金融机构不良资产拓展到企业等非金融机构，从以往单一处置政策性不良资产转向金融不良资产与非金融不良资产处置并重，并逐步实施商业化的发展战略。从 2012 年至今，开展非金业务已经成为不良资产经营机构，尤其是资产管理公司转型的重要基础业务之一，也成为资产管理公司营收的主要方式[8]。

当前，我国不良资产经营机构（主要包括金融资产管理公司、地方资产管理公司及相关参与不良资产业务的企业）积极介入非金融企业不良资产市场，对化解企业经营风险、解决企业融资困境发挥重大的作用。非金业务开展至今，一定程度上解决了暂时处于困境中的实体企业的融资不通畅、融资渠道单一的问题，有效隔离商业风险，避免其传染至金融体系。但非金业务规模迅猛扩张，逐渐暴露出资产管理公司业务经营上的问题，监管机构也对这类业务模式有一定的质疑，并持续从严要求资产管理公司整改此类业务。特别是在金融从严监管深入推进中，一些案件的发酵加深了政府部门、投资者和社会对不良资产行业的误解，显著增加了不良资产经营机构发展环境的不确定性，对不良资产经营机构发展的负面影响正在不断显现[9]。比如，资产管理公司的综合经营模式一直受到外界质疑，监管部门持续开展金融控股公司整治和经营风险排查，要求不良资产经营机构，尤其是资产管理公司清除非主业的子公司及业务[10]，避免影响相关业务开展，而其中个别资产管理公司的非金业务规模迅猛扩张，信贷业务模式等也成为质疑的焦点。同时，为让金融监管坚决做到“长牙带刺”，防范金融风险已提升至新高度[11-12]，非金业务逐步暴露出若干问题，如资金成本走高，难以在经济下行的环境下实现低风险、高收益；资金投放集中于房地产行业，行业风险巨大；部分业务脱离不良资产主业范畴，呈现“类信贷”形式，增加了企业杠杆风险，也扩大了金融机构风险敞口；运作流程简单化、固化，模式单一，资产管理公司难以发挥深度运作不良资产的能力等[13-14]。

因此，当前市场及监管部门对非金业务还能不能干、怎么干有较大的分歧。虽然非金业务本身存在上述问题，同时面临金融从严监管的长期态势，但可以看到，在我国融资渠道有待进一步完善及实体企业仍须进一步化解流动性风险的情形下，此业务仍有长期、持续发展的必要，其仍是实现宏观杠杆率稳定下降，解决实体企业债务危机的重要抓手。非金业务开展的市场需求主要有以下两个特点：

1.银行间接融资难以满足融资市场结构性需求

长期以来，我国融资市场以银行间接融资为主，与发达国家相比，融资渠道尚不健全，特别是中小企业、民营企业的融资路径较为狭窄。从资金供给方——银行层面看，其对企业的抵押物、担保物等要求严格，也更倾向于与国有企业或地方政府投融资平台开展资金往来等合作。同等情况下，对民营企业的融资规模和融资期限都有更高的要求，如银行对民营企业的融资期限通常是一年，这对民营企业生产经营较为不利。因此，迫于经营发展的需求，企业通常通过民间借贷、违规互相担保等非正常融资手段实现融资，这也容易导致企业债务过高，从而引发经营风险。出现经营问题的企业更是难以从银行获取融资，相反，它们可能会被银行催收贷款，经营风险进一步增大。因此，非金业务的开展不仅可以丰富当前融资市场渠道，也可以对陷入经营困境的企业实现“雪中送炭”。

2.困境中的企业不良资产化解专业度、复杂度更高

从宏观经济层面看，国外若干国家都曾倾向于通过一定程度的长期降息实现企业层面债务风险的缓释，化解经营风险。可以看出，尽管通过债务置换化解经济风险的方式较为温和，但仍只是将债务问题推迟解决，寄希望于未来的经济复苏，并未彻底解决问题。此类政策手段可以对化解企业不良资产起到一定的作用，但由于处于困境中的企业各自具有不同问题，所以简单的“大水漫灌”并不能从根本上解决企业经营的问题。而开展非金业务能从企业不良资产产生的源头解决问题，有助于真正恢复企业经营能力。

同时，我国房地产、地方政府及中小银行债务风险凸显，不良资产经营机构面临新的发展机遇，拓展非金业务也具备良好的市场基础，主要表现在以下几个方面：

第一，传统类金融不良资产包获取竞争激烈，折扣降低，成本提升。

第二，企业间的信用拖欠周期变长，应付账款持续增加，降低了实体经济运行效率。

第三，资本市场债券违约现象频出，上市公司股权重组频现，社会企业资金链断裂情况频频发生。

第四，房地产和地方政府债务风险复杂难解、经济结构调整和国民经济重

组加快，以企业资产重组和行业重组为特征的行业企业并购重组浪潮正在兴起[15-16]。

面对当前经济新常态和不良资产市场环境的重大变化，不良资产经营机构应延伸不良资产的内涵，重新界定非金业务的范畴，重新探讨非金融企业的不良资产业务存在哪些机会与模式，并为开展实际工作提供指导。本书梳理非金业务的相关概念，期望能丰富非金业务的内涵，并总结、比较国内外相关业务模式，分析当前非金融企业不良资产及其业务的现状与发展趋势，从资产收购重组模式、市场化债转股模式、问题企业和问题资产重组模式三方面探讨不良经营机构非金业务模式，并从各模式中挑选相关案例进行分析，最后就我国非金业务的发展提出建议。

1.2 研究内容

本书主要遵循理论与实践相结合的原则，在一定的理论基础上强调研究的实用性和可行性。对支撑实际业务开展的理论进行研究，从非金融企业不良资产概念梳理外延至对业务模式的探讨，研究具体业务的开展途径，对现有的非金业务典型案例展开研究分析。本书可分为四个部分：第一部分是非金业务的理论基础；第二部分是国内外非金业务模式的对比分析；第三部分是非金业务的开展现状与发展趋势；第四部分是我国非金融企业不良资产业务模式建议。

具体来看，第一部分为第 2 章“研究理论基础”，主要介绍非金业务相关的研究文献、相关理论及相关概念界定；第二部分为第 3 章“国内外非金融企业不良资产业务模式比较分析”，主要对比分析国内外非金融企业的不良资产业务模式；第三部分为第 4 章“我国非金融企业不良资产业务开展现状及发展趋势”，主要介绍非金业务开展的宏观环境，包括监管政策、非金业务市场主体情况等；第四部分由第 5 章“资产收购重组模式”、第 6 章“市场化债转股模式”、第 7 章“问题企业和问题资产重组模式”和第 8 章“我国非金融企业不良资产业务模式建议”组成，其中，第 5 章、第 6 章、第 7 章分别介绍非金业务模式及典型案例，探讨分析业务发展模式，第 8 章则是对我国开展非金业务提出建议。

第 2 章 研究理论基础

2.1 文献综述

非金业务模式研究主要涉及经济周期、企业生命周期、资源配置，以及不良资产业务模式的选取、交易结构的设计等相关内容。目前已有学者在这些领域开展研究并取得一定成果，本书在此基础上进行梳理和总结。

现有的不良资产业务模式研究项目或成果，主要的研究对象为金融机构不良资产[17-19]，国内外对非金融机构的不良资产业务研究较少，基本属于描述性研究[20-22]，主要研究内容是非金融企业不良资产的定义及范围界定[23-24]，对非金融企业的不良资产研究仍停留在企业本身层面，与金融市场间的企业不良资产有所割裂，存在一定的局限性。由于在业务模式上，非金融不良资产与金融类不良资产具备可相互借鉴的关系，因此梳理不良资产的研究现状具有一定的意义。当前针对不良资产的研究主要集中在不良资产的评估定价与处置、不良资产的形成因素及不良资产的处置模式等方面。金融不良资产评估方面比较有影响的评估论著是《国际评估资产标准》（*International Valuation Standard*）[25]，对于金融性资产的评估方法主要还有资本资产定价模型和用以说明风险与预期回报率之间关系的模型，Sharpe 和 William F.[26]对金融不良资产处置的相关问题进行了研究，FDIC[27-28]、International monetary fund[29]、Dziobeck、Claudia、Ceyla Pazarbasioglu[30]、Guonan Ma[31]及 Ross P. Buckley[32]等机构和学者总结并探讨了来自不同国家的不良资产处置的经验，

Daniela Klingebiel[33]、David Cooke、Jason Foley[34]、Adriaan M. Bloem 及 Conrnelis N. Gorte[35]将金融不良资产处置放在宏观经济层面进行了考察。不良资产业务发展初期的研究者们对不良资产进行论述和梳理，近年来，国内对不良资产评估进展、方法及问题展开更深入的研究[36-39]，更有学者在与具体评估方式相关的理论研究中，加大了对数学模型的结合研究力度。如刘澄、曾琳等人[40]指出了我国现行不良资产的基本定价和评估方法，包括账面价值法、会计估算法、协商定价法等六种评估方法；周毓萍[41]提出基于神经网络的不良资产价值评估方法；唐莹[42]从债务人偿债意愿角度对假设清算法展开分析，并采用参数修正的方式对其评估值测算框架实现优化。

目前，国内对非金业务方面的研究较少，现有研究成果普遍基于对市场的阐述和分析，缺乏对业务模式更深入的分析，更多的是对不良资产业务模式方面的研究[43-44]，如王茂瑞[45]认为，我国资产管理公司不良资产处置方法主要有诉讼追偿、资产重组、债权转股权、多样化出售、资产置换、租赁破产清偿等，但由于种种原因，仍然存在诸多不足之处，并且面临市场和道德风险等问题。郑晓茗[46]梳理我国商业银行不良资产处置的主要方式，通过对商业银行不良资产处置制度的深入研究，为完善我国不良资产处置制度提供一定的理论支持和政策建议。卢思锦[47]通过分析不良资产市场的供需双方特点和竞争态势，探讨不良资产处置的主要模式，提出金融资产管理公司抓住债转股政策契机，推动问题企业改善经营，实现企业持续发展。孙方[48]通过案例分析不良资产业务创新合作模式——转让劣后级收益权模式对资产管理公司不良资产业务收益的影响，表明合作处置缩小了资产管理公司的风险敞口，有利于充分利用优势资源，提升回收价值。

对于非金融企业不良资产的市场及影响因素等方面，国内也展开了相关的研究[49-51]。何力军[52]等人认为，中国非金融企业不良资产市场广阔，但相关债权存在确权难等问题，对不良资产管理公司而言是机遇与挑战并存。张贵礼[53]认为，非金融机构不良资产的收购业务处于起步阶段，处置非金融企业不良资产是加速资产周转的过程，其目的是增强资产的流动性。曹辉[54]以研究非金业务管理模式为出发点，分析非金业务经营情况和发展前景，从而探索其不良资产处置模式。

非金业务模式研究的相关理论主要有经济周期理论、金融周期理论、企业生命周期理论、企业再造理论等。从宏观环境研究视角看，非金融企业不良资产的产生主要受经济周期、金融周期及行业周期运行影响；从微观层面看，非金融企业不良资产的产生主要受企业实际发展情况影响。非金业务模式的本质内容就是运用各类金融手段化解企业运行中产生的不良资产，实现企业经营业务健康发展。

2.1.1 经济周期理论

依据经济周期的持续时间长短进行分类，通常将经济周期分为以下类别：

1.基钦周期（Kitchin Cycle），即短周期

英国统计学家约瑟夫·基钦（Joseph Kitchin）总结过去经济事实发现，经济增长过程中具有短期性波动，通常为 40 个月左右，其主要源于企业投资的周期性特征。

2.朱格拉周期（Juglar Cycle），即中周期

法国经济学家克里门特·朱格拉（Clèment Juglar）根据经济增长、信贷规模和利率等数据深入分析各个国家的设备投入，发现具有约 10 年的波动性。因为这是一种反映投资品的周期，而投资品的波动能够对国内生产总值（Gross Domestic Product，简称 GDP）和通货膨胀等产生重要影响，所以也被认为是真正的商业周期。

3.库兹涅茨周期（Kuznets Cycle），即中长周期

美国经济学家西蒙·史密斯·库兹涅茨（Simon Smith Kuznets）研究了当时西方各国第一产业与第二产业价格变动的时间数据，并过滤短周期与中周期的波动，结果显示存在着 15～25 年的中长周期。

4.康德拉季耶夫周期（Kondratieff Cycle），即长周期

苏联经济学家尼古拉·德米特里耶维奇·康德拉季耶夫（Nikolai D.Kondratiev）采集了英国、美国、法国等国百年来的产出波动、利率、通胀和贸易额等数据，并据此发现持续 50～60 年的长周期。

在 20 世纪 50 年代，美国出现货币主义的经济周期理论，该理论认为经济波动的根源在于货币数量的波动。20 世纪 80 年代以来，金融周期理论专门研究金融活动自身独特的周期性运动规律，指出在宏观经济领域，由金融因素引起的或者通过金融市场、金融体系传导造成的持续性周期波动。

经济周期波动是产生非金融企业不良资产的主要宏观经济因素，认识我国经济新常态的经济周期特征、形态及演进规律是研究非金融企业不良资产市场的基础条件。多数关于中国经济周期的研究都是从 1978 年改革开放或是 1992 年市场经济体制改革开始[55-58]。许多学者也利用不同计量方法研究经济周期的态势与驱动因素。王建军[59]利用马尔可夫模型拟合我国经济数据，并成功刻画出我国经济的周期性特征。郑挺国和王霞[60]利用混频数据区制转移动态因子模型，不仅可以很好地捕捉我国经济周期的阶段性变化，而且还能及时识别出经济周期转折点。欧阳志刚[61]利用非线性因子模型度量出中国经济波动的国际协同，既有外国冲击对中国的溢出效应，也有国际共同冲击的作用。何青等人[62]与黄赜琳、朱保华[63]利用动态随机一般均衡模型与真实经济周期模型分别模拟了房地产市场与财政政策对经济周期的影响。

随着中国经济增长方式的演变，新经济形势也受到诸多学者关注，通过对新常态下的经济周期展开相关研究发现，大致包括外部因素及内部因素对经济周期演变的影响[64-65]，也包括体制改革等因素对经济周期转型的影响[66]。王有鑫等人[67]及刘金全等人[68]研究在新常态下中国经济周期将以何种方式和趋势进行演化。经济新常态下，郑江淮等人[69]、曹冬艳等人[70]及申萌等人[71]对新常态下的经济周期中经济增长由何种动力或方式拉动展开研究。准确认识并把握当前中国经济周期演进规律和经济驱动力，对理解非金融企业不良资产市场的发展有重要影响。

2.1.2 企业生命周期理论

非金融企业不良资产的形成不仅受外部宏观经济因素（即企业宏观层面所处的生命周期）影响，也受企业操作层面（如内部的管理水平、财务状况等）影响。分析企业处于生命周期的哪个阶段，以及管理不善、财务困境等诸多问题与企业经营中产生不良资产的互动影响机制，有助于开展非金业务、理清不良资产产生的原因，以及选择化解不良资产的具体业务模式。

企业生命周期作为企业发展过程的重要动态演变，在不同阶段具有不同的特征[72]，因此在评价企业受到产业政策影响后的行为时加入企业生命周期理论，将具有更为重要的现实意义。企业生命周期理论研究包括企业生命周期阶段的划分及生命周期指标的选取。将生命周期应用于企业问题的研究由 Haire M.[73]提出，其认为企业作为一个组织，符合生物学的成长曲线，包括诞生、成长、成熟、衰退和死亡的周期性现象。Larry E. Greine、Churchill N. C.、Miller D.等人[74-76]将企业生命周期进行更细致的划分，如 Greine 研究企业组织演化过程，将其分为通过创造性获得增长阶段、通过指导与控制获得增长阶段、通过授权获得增长阶段、通过协调获得增长阶段和通过合作获得增长阶段五个阶段。对于企业生命周期的划分，更多学者倾向于用量化指标，便于精确阐述企业生命周期的更迭。如 Anthony[77]对企业的销售收入增长、股利支付、资本支出，以及企业年龄等指标进行综合打分，以获得生命阶段的评价标准；Daniela Bens 等人[78]利用企业的销售收入增长率、科技研发投入、资本支出率等指标对生命周期进行划分；叶建芳等人[79]利用经营活动、投资活动和筹资活动现金流组合法作为企业生命周期的主要划分依据。

研究企业生命周期对企业不良资产的产生机制的论著较少，更多的是对企业财务、经营方面的影响，而这也与企业不良资产息息相关。如 Yuji Honjo[80]以新办企业和中小企业为对象展开研究，并发现公司年龄、资本供给、经济衰退及产业高成长能力等外部因素的影响比财务比率更显著；Hubert Ooghe[81]基于企业生命周期不同阶段提出了企业经营困难的起因。国内研究者也开展了相关的研究[82-83]，如罗时空和龚六堂[84]研究发现，企业规模越大，债务融资的顺周期效应越显著，崔海红[85]研究指出，成长期和衰退期的上市公司更易发生处置资产的行为。学者们通过对企业财务困境的预测来测算企业不良资产的规模，如 Altman E.[86]、Strong John 等人[87]和 Elliott J. A.等人[88]，以及高郁掬等人[89]利用财务指标对我国上市公司不良资产展开测评研究。

2.1.3 企业再造理论

非金业务模式关注不良资产或者产生不良资产的企业主体，其业务开展的最终目的在于对企业价值的修复及重组，因此企业再造是其业务流程的核心。企业再造以企业生产经营重整为中心，重新设计企业的经营、管理及运作方式，主要包括企业战略再造、企业财务再造、市场营销再造、企业组织再造、企业生产流程再造，以及质量控制系统再造等方面的工作。目前，企业再造理论的认定不是原有价值的简单改进，而是根本性的变革。企业再造理论认为，企业再造活动绝不是一次对原有组织进行简单修补的改良运动，而是重大的突变式改革[90-92]。在不良资产的经营上，企业再造理论也体现为加速不良资产处置效率，并运用多种手段实现资产价值提升或者修复，防止出现“冰棍效应”，即不良资产价值随着时间的推移而不断缩水，损失不断加大[93-95]。

2.1.4 非金融企业不良资产业务模式综述

国外对非金业务模式的探讨并不多见，更多的是我国在颁布《管理办法》，各大资产管理公司逐步开展非金业务后，有学者开始对这一领域展开相关的研究，主要集中于前期国内主要资产管理公司非金业务开展的现状总结[96-99]、风险分析[100]及相关的建议，对于业务模式上研究较少。由于本书在原有的实践模式上结合重点研究方向，对非金业务模式有所拓宽，因此也对与债转股、困境企业和困境资产的业务模式相关的文献做一定的梳理。就债转股模式来说，在国内经历从政策性债转股到目前的市场化债转股阶段，前期政策性债转股更多的是借鉴国外的经验[101-102]，在市场化债转股阶段，学者们对上轮政策性债转股开展相关总结[103]，并对当前市场化债转股的业务模式进行一定的总结，但主要还是偏向银行系债转股模式[104-106]。在国内，困境企业模式在处置企业不良资产中运用较多，主要是破产重整及并购重组等方式。闫静波等人[107]及胡虎肇[108]对困境企业救助的方式进行探索，有些学者也通过具体案例对困境企业模式开展研究，如李冬等人[109]和吴心宇等人[110]分别通过新都公司、津劝业分析困境企业并购的路径。困境资产业务模式在国内的研究主要借鉴国外经济危机对问题资产的救助经验[111-112]，对于具体困境资产的业务模式的研究并不多[113]。

2.2 内涵及外延

2.2.1 非金融企业不良资产业务概念界定

非金业务的概念界定最初是由 2015 年的《管理办法》而来，从《管理办法》看，其规定非金融机构不良资产标的范围不局限于传统的非金融机构所有的不良资产，如企业间的应收账款等，还包括金融机构作为中间人受托管理其他法人或自然人财产所形成的不良资产，如委托贷款、信托贷款、集合计划等资管产品等，更进一步明确了非金融机构不良资产的形态，包括股权类、债权类及实物类资产。但从过去开展的非金业务实践上看，基于非金融机构的债务类不良资产更多，而股权类和实物类不良资产较少，主要由于股权类收购处置方式更为简单，而后两者涉及的标的价值评估及风险判定更专业、复杂。同时，在《管理办法》中认定非金业务模式包括清收追偿、转让、债务重组、资产整合、资产置换、债权转股权、追加投资、提供投资咨询、财务顾问等方式，但是在近年来的实践操作中，都将非金业务模式局限于债务置换类，收益回报以固定收益为主。可以看出，《管理办法》对于非金融机构不良资产标的范围及业务模式确定了大致方向，但并没有很细致地划分，《管理办法》对于概念的界定留有一定的余地，便于在实际操作中不断深化和探索。

在实践操作中，针对非金融机构不良资产中的债权类不良资产形成一套成熟的债权类收购处置的业务模式，其在不良资产经营机构，尤其是资产管理公司商业化转型中起到了重要的业绩增长作用。但是当前这类非金业务的增长空间逐步收窄，同时也被监管机构所质疑。因此，研究如何扩大非金业务模式的范畴，支撑实际非金业务的开展十分必要。本书结合《管理办法》的内容，进一步界定非金融企业不良资产相关概念，丰富非金融企业不良资产的内涵，明确业务主要参与主体，扩大非金业务的范围，脱离传统的非金业务惯性思维，将业务外延至债转股、问题机构重组等，在“大不良”的范畴下探索非金业务。

界定非金业务模式的相关概念之前，需说明本书所研究的不良资产范畴在《管理办法》所提到的具体的非金融企业之内，同时，将问题企业及问题资产划分在非金融企业不良资产的范畴之内。以下是对当前非金融企业不良资产相关概念的界定：

第一，非金融企业是指除国家金融监督管理总局、中国证券监督管理委员会等部门监管的各类金融机构之外的境内企业法人或其他组织。

第二，非金融企业不良资产指由非金融企业所有，但不能为其带来经济利益，或带来的经济利益低于账面价值，已经发生价值贬损的资产（包括债权类不良资产、股权类不良资产和实物类不良资产），以及各类不良资产，包括但不限于：已计提减值准备的资产，已核销的资产，低于企业初始获取价格的各类知识产权，低于初始获取价格的土地使用权、收费权等各类权益类不良资产等，以及各类金融机构作为中间人受托管理其他法人或自然人财产形成的不良资产等其他经监管部门认定的不良资产。例如，银行理财、信托计划、基金专户、券商资管、保险资管、期货资管、公募基金、私募基金等各类资管产品。

第三，非金融企业问题资产是指由非金融企业持有的或金融市场交易的，安全性、盈利性、流动性发生显著的不利变化但未明确划分到不良资产范围的资产。包括但不限于：持有的已逾期债权或尚未逾期但债务人出具无法按期偿付证明的债权，对 ST 公司（即出现了财务状况或其他异常问题的上市企业）的债权或其他资产，对摘牌的非上市公众公司的债权或其他资产，对评级机构评级或市场隐含评级（债项或主体）跨档下调、连续下调（6 个月内）或评级在投资级以下的企业相关的债权、股权或其他资产，因国家政策要求需要处置的资产。例如，国有企业改革剥离的社会职能有关资产、辅业资产、低效无效资产，党和国家机构改革、事业单位改革剥离的生产性、服务性资产，因环保要求、生产技术标准提高或化解过剩产能而清理、淘汰、退出的资产等，法院拍卖资产，有充分证据证明资产质量将较可能向不良资产转变的其他资产。

第四，非金融问题企业是指经营或财务遭遇困难的企业，包括但不限于以下原因：

①信用问题。例如，因意外、突发事件影响正常的经营支出；资金链突然断裂；债务或权益被要求提前偿付或赎回；信贷、债券发行、股票发行等融资渠道受阻。

②财务问题。例如，资不抵债；收不抵支、连续两年亏损，并且难以获得补充资金；因资产负债率较高被管理部门列入重点关注和重点监管企业名单。

③经营问题。例如，主营业务持续萎缩；对外过度投资；产能严重过剩；盲目追求规模扩张，投资收益率难以覆盖融资成本；已向法院申请破产；政府机构接管。

④管理问题。例如，内部管理机制失灵，长期不按规定召开股东会、董事会或无法形成有效的股东会、董事会决议，大股东或实际控制人长期或严重侵占中小股东利益，内部控制长期缺位或无效；因重大违约、失联、接受调查等实际控制人、高管团队无法正常履职；企业市场价值或公允评估值长期低于企业净资产；审计师出具非标准内部控制审计意见或拒绝出具意见。

⑤存在重大风险或违法、违规问题。例如，涉及导致其核心资产被查封、资金被冻结等的重大诉讼；被监管部门采取监管强制措施；存在造假、诈骗等行为，违规开展业务，严重影响社会稳定；经政府机构、监管部门同意或指定由资产管理公司介入的风险机构。

⑥遇到暂时困难但有较好发展前景，且得到国家政策支持。例如，供给侧结构性改革实施过程中，拟进行市场化、法治化债转股的企业、被纳入国有企业改革“双百行动”的企业。

第五，以信达公司为例分析业务主体及业务方式：

信达公司于2010年完成股份制改造后，开始探索非金业务，2015年《管理办法》出台后，允许国内四大资产管理公司开展非金业务。从严格意义上看，目前从事非金业务的主体仍然是四大资产管理公司，虽然不良资产业务逐步开放，但是从目前参与市场的主体看，地方资产管理公司主要业务领域还是金融不良资产的处置收购，金融资产投资有限公司（Asset Investment Companies，以下简称AIC）的主要领域为市场化债转股业务，可以预计在市场不断放开的形势下，非金业务模式的业务主体将包括资产管理公司、AIC、地方资产管理公司、外资资产管理公司、私募基金等机构。

资产管理公司开展非金业务的方式，包括收购、管理、处置、委托代理，提供综合咨询、财务顾问服务，以及其他经监管部门认可的方式。非金融企业不良资产主要的业务方式如下：

①转让。原则上，转让应采取公开转让方式，包括拍卖、招标、公开竞价、公开询价，在产权交易市场、互联网资产处置平台公开转让，通过证券交易系统转让等方式。采取公开转让方式无法实现或不利于提高资产处置效益的，按公司资产处置决策程序经过批准的，可以采取协议方式转让。

②债务重组。其指的是按照协商或法院的裁决修改债务条件的事项。包括：以资产清偿债务；修改其他债务条件，如减少债务本金、减少债务利息、延长还款期限，以及以上方式的组合等。

③资产重组。指由资产的拥有者、控制者与外部的经济主体进行，对企业

资产的分布状态进行重新组合、调整、配置的过程，或对设在企业资产上的权利进行重新配置的过程。资产重组的基本方式包括收购兼并、股权转让、资产剥离和所拥有股权的出售、资产置换等。

④债转股。其指的是将对债务企业的债权转为对债务企业或其他关联企业的股权。开展债转股业务应当符合国家相关规定，可以采取收债转股（即先收购债权再将债权转为股权）、以股抵债（即债务人以其持有的股权抵偿其所欠债务）、发股还债（即以债转股为目的投资企业股权，由企业将股权投资资金全部用于偿还现有债权）等方式。

⑤追加投资。指以提升资产处置回收价值为目的，对管理的不良资产、问题资产追加必要股权、债权或其他投资，最终实现现金回收的投资行为。

⑥资产证券化。资产证券化指经监管部门批准的，以不良资产或问题资产所产生的现金流为偿付支持，通过结构化等方式进行信用增级，在此基础上发行资产支持证券，以实现资产处置。

⑦委托代理。指公司接受委托方的委托，按双方约定，代理委托方对其资产进行管理和处置。主要包括：政府机构、监管部门批准的金融机构或非金融机构关闭清算业务，政府机构、监管部门、金融机构、非金融机构委托的不良资产、问题资产、问题机构管理与处置业务，经主管部门批准的其他委托代理业务等。

⑧咨询顾问。包括综合咨询、财务顾问等。综合咨询服务指公司就不良资产、问题资产、问题机构的尽职调查、价值评估、投融资方案、管理处置方案等向资产持有人、投资人、问题机构提供的专业服务。财务顾问服务指公司就投融资、收购兼并和股份制改造、资产重组、治理机制、战略规划、债务重组等向资产持有人、投资人、问题机构提供的专业服务。

⑨问题机构救助。指直接或通过向产业投资人提供并购融资，再由其以债权、股权等方式，为问题机构提供资金支持，改善资本结构和治理结构，构建新的生产经营模式，以防范化解问题机构经营或财务风险，帮助其恢复正常经营、转型升级，实现企业价值再造和提升。

2.2.2 非金融企业不良资产业务特征分析

从《管理办法》及本书对非金融企业不良资产的定义上看，非金融企业不良资产主要有三个特点：存量性（即已经存在的资产）、非正常（资产在安全性、流动性和盈利性方面存在问题）、非标准。非金融企业不良资产的外延应从非金融企业不良资产扩展，包括具有不良属性的问题企业及问题资产。在资产形态上，从非金融企业不良债权向股权、物权及其他可探索的不良资产多形态拓展，而不是简单局限于债权；从项目主体上看，由不良资产包向问题项目及问题企业拓展；在交易及处置方式上，充分发挥金融综合优势，从收购处置不良资产的传统手段向以并购重组为核心的综合处置拓展，并运用债务重组、资产重组、资产置换、债转股、收益权转让、追加投资等多元化手段。总体来看，非金业务模式有以下几个特点：

1.立足于存量债权

非金业务通常以收购债权企业的不良债权为开端，其为债权企业实现债务转移，真正实现降低不良率的同时，也为债权企业提供了一笔流动资金，具有融资属性。但是从社会层面看，债权总量并没有增加，企业流动性也未得到改善。对于企业而言，不良资产经营机构的非金业务不占用企业总体授信贷款额度，其本质是企业资产置换，既不增加企业负债规模，也不影响企业的资产负债率，而是通过提高企业的资产流动性提升企业经营效率，降低经营风险。同时，与银行、信托、租赁等机构相比，一般非金业务要求不良资产经营机构的质押比例更低，审批流程更短，可覆盖范围更广，隐形成本更低，对风险的容忍比银行信贷更高。

2.非金融企业不良资产的来源为非标产品

从传统的非金融债权上看，应收账款、信托贷款等都不是在银行间市场和证券交易所市场交易的债权性资产和股权性资产，其交易相对于银行、证券市场发行的标准产品更具复杂性，也更缺少规范性，是典型的非标资产，其需要债权人、债务人及不良资产经营机构三方对于标的资产的内在价值协商评估，最终会以一定折扣经不良资产经营机构转让，其转让过程并非标准化、确定性的。而对于非金融企业不良资产延伸的领域，如被贬值的股权资产、实物性资产等，其资产波动程度更高，对于不同的金融机构而言，其对于标的资产的内在价值的理解不同，最终确定的资产转让价格也大不相同。

3.注重后期并购重组

目前非金业务的资产主要为企业间债权类不良资产。虽然从定义上看，非金融企业不良资产涵盖类别较多，包括权益类、实物类和其他类不良资产，但从实际操作上来说，主要业务类别是债权类不良资产，包括应收账款、管理企业借款、股东借款等，其中以应收账款、关联企业贷款等商业债权为主。同时当前非金融不良资产经营业务的主要经营模式为附重组条件方式，处置模式往往以债务重组为主，在实际操作中往往轻后期的债务重组，重前期的固定收益，在资金成本、资产包成本推升及严监管的环境下，传统附重组模式经营困难愈发明显，探索多途径的非金业务模式势在必行，也具备一定的可操作性。

2.3 小结

本章主要梳理与非金融企业不良资产业务相关的基本理论与已有研究，并对非金融企业不良资产业务相关概念进行总结和界定。本研究从资产来源端、交易方式、处置手段等多角度出发，对非金融企业不良资产业务的定义不局限于传统附重组条件模式范围，而是将剔除金融机构不良资产业务之后的和非金融企业相关的不良资产业务都纳入其中，这种分类也符合当前拓展“大不良”主业，突出企业综合化多种手段经营的趋势。准确把握非金融企业不良资产业务的新特征，就是为开展非金融企业不良资产业务提供理论框架和基础性技术支撑。

第3章 国内外非金融企业不良资产业务模式比较分析

国内不良资产经营管理实践的历史不长，更多的是基于行政分类、政策指导的方式实施开展不良资产处置工作，从业务模式上看，内涵狭窄、市场化不够、手段单一，与国外成熟的不良资产经营机构相比有较大的差距。我国不良资产经营机构在非金业务模式上存在补足短板和提质增效的需求。从业务模式上看，国外并没有将金融机构不良资产业务与非金业务区别研究，因此，本书主要选择市场化经营手段更充分的国际另类投资机构为研究对象，分析其在不良资产领域的业务模式，借鉴国外成熟经验，从而探寻一条有利于我国不良资产经营机构开展非金业务模式研究的道路[114-117]。

3.1 国内机构非金融企业不良资产业务模式

从传统分类上看，非金业务按照经营模式主要分为两大类别：传统类经营模式及收购重组类经营模式。

传统类经营模式指不良资产经营机构打折收购债券等不良资产后择机处置，从而回收现金、获取收益，传统类经营模式主要的收购对象为非金融企业，标的范围主要是非金融机构的债权类不良资产、股权类不良资产、实物类不良资产及其他不良资产类型。传统类经营模式主要在不良资产收购环节对资产打折锁定收益，后期不进行运作，更强调高周转性，其业务规模在当前不良资产经营机构，尤其是资产管理公司的非金融不良资产业务中占比较小。

收购重组类经营模式指不良资产经营机构收购标的企业债券后，通过签订债权重组协议，实现约定还款及收益的经营模式。收购重组类经营模式主要的收购对象是非金债权（即非金融机构的不良债权资产）。一般操作方式为：从债权人手上收购不良债权，与债务人签订债务重组协议，约定未来债务的偿还安排，同时要求原债权人或者原债权人母公司提供抵押担保，到期后不良资产经营机构获取固定收益与浮动收益。

依据对主要资产管理公司非金融企业不良资产附条件重组类经营模式的梳理，该业务的关键点如下：

（1）资产标的

应收账款、其他应收款、预付账款等。包括但不限于：通过金融机构发放委托贷款形成的债权；因销售商品、提供劳务产生的债权，包括因建筑工程形成的工程款债权；出租产生的债权，包括出租动产或不动产；非金融机构之间提供借款形成的债权；因购货或接受劳务预先支付价款而形成的债权；其他信用产生的债权。

（2）业务模式

主要为打折收购，对项目债权期限、收益、风控措施等要素实施重组。

（3）不良认定

取得证券类、房地产类资产已经发生（或存在）价值贬损风险或被原持有人认定为非主业的相关证明文件，如评估报告、股东大会或董事会决议等。但若与金融机构不良资产配套收购时，已经取得金融机构的不良证明，则非金融不良资产证明可不取得。

（4）担保方式

保证且抵质押，形式较多，主要的抵押品为房地产。

（5）项目期限与收益率

主要为 2 年期，收益率平均为 10%～15%，实际情况在 15%以上。

（6）投放条件

债权转让款项的投放条件，要求满足以下几条：

①取得债权人出具的不良债权证明及债权债务确认书。

②取得相关方有权决策机构出具的合法有效的同意提供担保的决议文件。

③《债权转让协议》《债务重组协议》《保证协议》《抵押协议》《质押协议》《财务顾问协议》等相关协议签署完毕。

④办妥相关抵质押担保登记手续。

（7）主要客户

大型国有企业、上市房企、地方融资平台等，其中以房企为主。

（8）主要行业分布

房地产、租赁、水利、制造业等。

3.2 国外机构非金融企业不良资产业务模式

从不良资产市场的参与主体看，国外不良资产市场的参与主体主要有政府、政府平台公司、金融机构、产业类公司等，由于另类投资机构作为参与不良资产业务的实际市场主体，其业务模式更具市场化、灵活性及可借鉴性，因此本研究主要对国外另类投资机构（主要包括黑石集团、阿波罗投资公司、凯雷投资集团、KKR 集团、橡树资本管理有限公司、3i 集团等）展开研究。

3.2.1 国际另类投资机构基本情况

国际著名另类投资机构多成立于 20 世纪晚期，经历过多次经济、金融危机的洗礼，由处于边缘地位的另类机构，逐步发展成为多元化金融服务的重要金融机构。这些另类投资机构对金融市场和实体经济的影响力不断增强，成为全球经济不容忽视的力量。随着国际另类投资机构自身规模的不断壮大，各机构不良资产投资模式从最初的单一类别处置不良资产开始，通过在不良资产领域深入且广泛地耕耘，不断探索并拓展不良资产的内涵和外延，持续开发和创新不良资产投资的业务方式，经营手段逐渐丰富，投资范围不断扩大，形成了较为成熟的不良资产投资运作模式，值得借鉴。其主营业务另类投资，泛指传统的股票、投资级债券和现金（货币市场投资）之外的其他投资品种，主要包括四大类投资品种，即以证券投资为主的对冲基金，以风险投资基金、杠杆并购基金为代表的私募股权投资基金，以地产基金、能源基金、基建基金为代表的实物资产投资基金，以及以高杠杆贷款、夹层贷款、不良资产、资产支持证券等为投资标的的另类信贷资产投资基金。

国际另类投资机构以不良资产业务为主经营的并不多，主要以不良资产经营与正常类资产投资业务“齐头并进”，并在投资实践中将不良资产投资大量嵌入特殊机遇投资总体策略，无论是主动进入不良资产领域追求高收益，还是由于经济金融危机而以被动持有的方式投资不良资产，国际另类投资机构的发展壮大都得益于不良资产业务的开展。国际另类投资机构通过深入而广泛地介入不良资产领域，不断拓展不良资产的内涵和外延，持续开发、优化不良资产投资的方法，在创造和提升企业价值的同时获取高收益。

国际另类投资机构的不良资产投资模式通常包括困境投资、（由单个事件引发的）特殊机遇投资、能源特殊机遇投资、机会信贷等。此外，各另类投资机构拥有不同业务模式，如黑石集团及橡树资本管理有限公司擅长利用特殊机遇进行房地产投资、能源投资及困境投资等；阿波罗投资公司、凯雷投资集团擅长机会信贷；KKR 集团擅长进行（由单一事件引发的）特殊机遇投资。

1.另类投资机构开拓不良资产业务奉行“逆周期”

黑石集团的不良资产业务起步于 20 世纪 80 年代末 90 年代初的美国储贷

危机，突破于酒店经营行业。黑石集团以低价收购第一汽车旅馆公司的特许经营权，并建立了酒店特许经营系统公司。该项目是黑石集团进入不良资产投资领域的第一次尝试，也是黑石集团获得高额回报的投资项目之一。经过 30 余年的发展，黑石集团形成了综合化、特色化的不良资产业务模式，在房地产及酒店管理等领域发挥着出色的资产运作能力。

凯雷投资集团的不良资产业务起源于 2008 年美国次贷危机，凯雷投资集团建立了一支 13.5 亿美元的基金用于投资各类受次贷危机冲击形成的不良资产。此后，凯雷投资集团将不良资产相关业务通过先进的全球化网络加以拓展。

橡树资本管理有限公司第一笔不良资产投资暨第一次明显扩张发生在 20 世纪 90 年代末。趁着美国互联网泡沫破裂之机，橡树资本管理有限公司大力发展夹层融资、亚洲股权投资、欧美市场优先级贷款等。

之后，这些另类投资机构都通过逆周期的投资策略，在每次金融危机前后进行了大量不良资产投资，不断拓展不良资产业务规模。

2.以不良资产投资起家的另类投资机构不断拓展不良资产相关业务

阿波罗投资公司从开拓不良资产业务起步。美国储贷危机中倒闭的金融机构及其不良资产为阿波罗投资公司以不良资产投资为切入点创造了市场条件。阿波罗投资公司凭借不良债权控制型收购策略和不良资产核心专长，确立了自身在不良资产业务及另类资产管理行业的领先地位。

KKR 集团自建立初期便以杠杆收购运营困难的企业为其核心业务，后将“LBO+MBO”模式继续发扬光大，并在 20 世纪 90 年代借助垃圾债等工具进一步发展。

3.另类投资机构并不过于强调不良资产业务属性

黑石集团、橡树资本管理有限公司的不良资产投资主要集中在特定基金之中，并对不同类别的不良资产加以区分；而阿波罗投资公司、凯雷投资集团、KKR 集团则很少有单纯投资不良资产的基金，往往将不良资产投资融合在区域投资之中，或在某些投资领域（如基础建设、房地产、能源、医疗等）与正常资产进行策略组合。

国际另类投资机构在不良资产投资领域的发展更强调专业运作能力，而非业务属性，信贷、债权、股权等多种投资方式可组合运用到多个领域，其本质是形成特定领域的交易策略。不良资产业务涉及的范围也不仅仅是传统不良资产，更多强调资产持有人风险防范的前瞻性及市场效率，众多与不良资产组合在一起的正常资产、困境机构的正常资产或者正常机构的非核心资产都是国际另类投资机构的重要投资标的，其投资的核心价值在于重组整合资源以创造价值。

3.2.2 国际另类投资机构不良资产投资经验

国际另类投资机构不断开发不良资产投资的业务方式，经营手段逐渐丰富，投资范围不断扩大，并实现深入企业资产负债表各个方面、横跨企业资本结构各个层面的资产多元化配置，在对不良资产的盘活中修复企业价值，并创造和提升企业价值。

1.收购业务从单一化转为多元化，不断丰富不良资产业务手段

黑石集团从最开始的银行不良贷款收购逐渐扩大到杠杆收购企业资产，再到不良证券投资，并在 2003 年进入不良债权领域。黑石集团在不良房地产领域的投资融合了夹层债权投资、资本重组、遗留债权投资、上市股权及债券投资、优先股投资、救援融资，以及抵押贷款收购，并设立房地产特殊机遇投资基金，在公开市场和私人市场进行全球范围的非控制型债权收购和股权投资。黑石集团于 2008 年收购了擅长杠杆信贷业务的 GSO 资本公司，并将不良证券对冲基金整合到该平台，建立了黑石 GSO，成为全球大型另类信贷平台之一，提供包括夹层基金、不良资产基金、多策略信贷对冲基金、贷款抵押证券，以及其他为客户量身定制的产品，向需要流动资产或需要重组资产负债表的企业

提供救援融资，收购陷入困境的企业资产，以及因市场错配而被错误定价的正常债权。

KKR 集团从最初的杠杆收购业务，逐渐拓展到能够提升企业价值的私募股权投资业务，并发展了杠杆信贷、定制对冲基金解决方案、长期或短期股权投资、另类信贷、高级担保债权、长期或短期信用贷款、可转债、结构化基金等公开市场业务及各种复杂的融资服务。同时，KKR 集团也从银行等金融机构收购不良资产，包括高收益债、不良抵押贷款、破产企业债权及濒临破产的企业股权等。

2.把握特定不良资产市场核心优势，拓展互为补充的不良资产投资范围

阿波罗投资公司成立之初，主要采取不良债权控制型收购策略来收购企业不良证券，通过破产重组和其他重组措施对企业实施控制。随后，阿波罗投资公司在不良资产投资领域开发了多种策略。首先是主辅剥离型传统并购，阿波罗投资公司寻求大企业、大机构非核心业务剥离机会进行并购投资。其次是公司合伙并购，阿波罗投资公司关注那些为完成收购、拓展产品线、回购股票或偿还债务而需要财务伙伴的企业，寻求机会进行非控制型投资。再次，阿波罗投资公司将投资领域拓展到银行不良贷款，主要投资于欧洲商业、住宅的正常和不良贷款，以及消费信用贷款。最后，阿波罗投资公司拓展机会信贷领域，专注于缺乏流动性的信贷投资策略，包括正常贷款、高级信贷、高收益债券、夹层融资、债务人持有资产（Debtor-in-Possession，以下简称 DIP）融资、过桥贷款和其他债权投资。同时，阿波罗投资公司的三大业务板块均涉及不良资产领域，并将传统收购与不良资产收购相结合，全面提升资产组合价值。

橡树资本管理有限公司的不良资产业务专注于信用市场，主要投资高收益债券和可转换债券，从历史数据看，基本占据美国本土高收益债 1/3 的市场份额。在此基础上，橡树资本管理有限公司逐渐发展了一系列相互补充的策略体系，包括不良债权策略、企业债权策略、控制型投资策略、可转换证券策略、

房地产策略，以及特殊机遇投资等。其中，不良债权策略既包括运用杠杆贷款、债权投资、股权投资、证券收购、直接收购等以三年期为主的不良机遇策略，也包括利用杠杆、做空和衍生品等手段，采用更积极、更短期的价值机遇策略。企业债权策略主要针对遭遇暂时困难而降级，但仍具有发展潜力的企业开展债权投资，手段包括防御型高收益债投资、优先级贷款、夹层融资、贷款抵押证券投资等。控制型投资以控制为目的投资不良资产，包括为问题或受压企业提供融资，购买不良证券并伺机进行债转股等。

3.长期多策略重仓房地产领域，筑牢不良资产配置基本盘

房地产的金融属性及房地产在国民经济中的重要地位，决定了房地产会成为国际另类投资机构的重要投资领域。很多另类投资机构设立房地产板块，并投入大量精力进行房地产投资；部分另类投资机构虽没有将重心放在房地产领域，但也较为关注房地产市场，会挑选合适的进入时机，把握房地产领域投资机会。

黑石集团、橡树资本管理有限公司持续深耕房地产板块。20 世纪 80 年代末，美国政府组建了重组信托公司来应对房地产泡沫的破灭。黑石集团也于1991 年组建了房地产部门，募集房地产投资基金，从重组信托公司收购不良房地产。早期，黑石集团房地产投资多采取“买入—修复—卖出”的策略，专注于以低于重置成本的价格收购优质资产，通过加强管理和投入资金，解决资本结构、运营等问题，改善资产质量后利用房地产市场回暖复苏周期择机出售，持有年限超过 3 年，并经历了从收购个别写字楼向收购整个房地产公司的转型。2008 年，黑石集团建立房地产债权策略，将业务重心放在商业房地产抵押贷款上，为客户提供夹层融资、高级贷款和流动性支持，设有高收益的优质房地产债权基金、流动房地产债权基金、抵押信托，以及房地产投资信托基金。2013年，黑石集团推出财产合伙人计划（BlackstonePropertyPartners，简称 BPP），投资于欧美及亚洲主要市场的资产，包括办公地产、公寓、工业地产及零售资产。BPP 不仅关注于当期租赁收入，还注重资产的长期升值共建。2017 年，

黑石集团推出房地产收入信托基金（Blackstone Real Estate Income Trust，BREIT），即非交易所交易的房地产投资信托基金（Real Estate Investment Trust，REIT），专注于美国市场的稳定收益型商业地产。1994 年，橡树资本管理有限公司建立房地产策略，该策略起源于不良债权投资中抵押房地产的价值挖掘机会，具体细分为房地产机遇、房地产信贷和房地产收益三种子策略。房地产机遇策略多与不良债权策略协同运作，投资多元化程度较高，既包括直接购买房地产实物资产，也包括对拥有大量房地产资产且被资本市场低估，但发展前景良好的房地产企业投资，同时还包括与一些为商业和住宅提供担保服务的第三方机构合作，收购和管理不良贷款等。2012 年，橡树资本管理有限公司获得美国财政部授权，建立房地产信贷策略，专门投资商业地产抵押贷款支持证券，提供商业及住宅按揭贷款、夹层贷款和公司信贷。2016 年，橡树资本管理有限公司建立房地产收益策略，旨在提供稳定的风险调整后收益，主要投资具有长期增值潜力的房地产资产。

阿波罗投资公司在 2007 年全球金融危机中拓展了房地产业务。为把握房地产领域的债权投资机会，阿波罗投资公司大量募集基金，与银行合作开展房地产信贷融资业务，增强在房地产领域的投资能力。同时，阿波罗投资公司将房地产业务与其私募股权投资协同运作，利用私募股权投资中房地产资产组合、房地产运营平台及房地产公司的收购和重组机会，广泛开展针对商业房地产及住宅的债权和股权投资。

凯雷投资集团拥有 11 支房地产基金，在亚洲、欧洲和美国寻找房地产投资机会。在欧美地区，重点收购单个物业并寻求该物业的再定位和再开发，从而提升物业价值；在亚洲，凯雷投资集团的主要投资模式为非控制型股权投资。截至 2017 年底，凯雷投资集团在全球 397 个城市投资了 850 个房地产项目。

此外，更多的国际另类投资机构开始布局房地产市场。KKR 集团的房地产业务平台于 2011 年投入运行，业务主要集中在美国及西欧地区，关注来自房地产领域的各种商业机遇，包括股权、债权和特殊机遇投资，并自持部分房地产资产。

4.债权投资为主、固定收益为辅，多业务协同发展

国际另类投资机构在发展壮大的过程中，尤其在屡次经历危机之后，逐步将重心从能够获得超额收益的股权收购模式转移到以固定收益为主、风险可控的债权投资，但各另类投资机构的信贷业务发展策略不尽相同。信贷资产在国际另类投资机构总资产中通常占有较大份额，且其资产规模持续大幅扩张，已成为多数国际另类投资机构的最重要业务。但各另类投资机构的信贷资产收益率差别较大，投资风险不容忽视。

黑石集团逐渐扩大信贷业务规模，抗风险能力得到有效提升。黑石集团通过建立黑石 GSO，大力拓展另类信贷业务，帮助许多信誉良好，但在信贷市场动荡时期难以获得银行信贷的企业走出困境，同时有效提升了自身的抗风险能力。2017 年，黑石集团通过收购嘉实基金将信贷业务扩大。

KKR 集团多采用高杠杆运行模式，快速提升标的企业运营能力。KKR 集团利用其杠杆收购优势创新发展了杠杆信贷策略，主要投资杠杆贷款、高收益债，以及二者的结合体。杠杆信贷策略理想的交易结构是 10%～20%的股权融资，加上 80%～90%的债务融资。高杠杆债务融资使投资者能以少量资本获得巨大收益，使管理层能够购买多数股权，同时，偿债压力能够迫使管理层通过各种途径改善运营、提高绩效，重视现金流，加快扭亏转盈。一般情况下，收购后的 3 年内，特别是那些期限短的优先级债务，具有严格的定期偿还条款，经常迫使管理层在降低成本的同时出售资产。截至 2017 年底，KKR 集团杠杆信贷策略共管理资金 248 亿美元。

橡树资本管理有限公司具有较强的风险意识，重视保守、稳健的固定收益模式。橡树资本管理有限公司以债权投资为主，股权投资通常具有附属性。橡树资本管理有限公司所有的封闭基金中，数量最多、规模最大的是不良债权策略系列基金，并且在不良债权投资中，往往以房地产作为抵押物。同时，橡树资本管理有限公司一直保持着固定收益投资独有的保守、稳健的风格，强调根据风险计算回报，相对于收益最大化，更关注避免和降低损失。

阿波罗投资公司创新发展债权投资模式，拓展信贷市场业务。自 2003 年开始，阿波罗投资公司开始围绕其私募股权投资开展信贷和资本市场业务。2007 年后，阿波罗投资公司把握全球金融危机中的信贷和资本市场机会，加快产品开发，不断推出信贷与资本市场基金投资工具，拓展不良债权、不良贷款，以及商业抵押担保证券等领域的业务。阿波罗投资公司首先开拓了 DIP 融资业务（即债务人主导型公司重整），通过收购申请破产公司债务，控制公司经营权；其次以夹层融资和优先级担保贷款形式向中型公司提供贷款；最后发展永续债投资，设立基金并公开上市，在每年支付收益之后，永久性保留原始资本。与此同时，更多的国际另类投资机构已认识到信贷业务的重要性，并布局信贷市场。

凯雷投资集团于 2018 年初将原来的“全球市场策略”板块更名为“全球信贷”板块，开始全力拓展包括结构性信贷、直接借贷、机会信贷、能源信贷及困境信贷在内的全球信贷业务，并持续致力于打造全球化的超级信贷平台。

5.构建多板块协同的多元化业务平台

国际另类投资机构拓展其全球业务，实现资产的全球化配置，不但拓展了业务发展的空间，也在经济周期中起到平滑缓释效应，有效抵御金融经济危机的侵袭。

第一，依靠多元化平台和全球网络协同作用实现价值创造。

2007 年全球金融危机爆发后，阿波罗投资公司把握投资机会，在信贷领域进行控制型不良债权投资、并购投资、杠杆贷款组合投资、夹层融资、非控制型不良贷款和不良债权投资等，开展房地产业务，积极拓展欧洲市场。阿波罗投资公司确定并成功实施了拓展全球一体化投资平台的广度和深度、满足不断增长的对综合另类投资解决方案需求的发展战略，在金融危机中实现了跨越式发展。

凯雷投资集团拥有国际另类投资机构中覆盖最广泛的全球网络，运营机构遍及 21 个国家，其中包括 9 个新兴市场国家。凯雷投资集团在私募股权、房地产、信贷和对冲基金等投资领域，以及金融咨询服务活动中实现了深度的互补效应。同时，四大板块均在全球范围内开展业务，并通过协同管理，更好地在经济周期的各个阶段寻找和把握投资机会。

第二，利用多元化互补和全球化布局抵御经济危机。

KKR 集团为抵御 2008 年金融危机，采取了业务多元化、资金来源多元化和全面进军亚太等新兴市场的方式，改变了过度依赖大型杠杆收购的旧模式，成功实现利润平滑，减轻了经济危机的不利影响。3i 集团在行业及地域上开展分散化和多元化的投资，降低投资组合的系统性风险。金融危机后，3i 集团加大了基础设施和固定收益领域的投资，力求做到在扩张过程中保持稳定发展。通过数据库等形式注重集团信息系统的建立和共享。凯雷投资集团通过建立投资组合公司数据库，获得实时有效数据，并将专业数据分析纳入估值、投资、运营和退出决策过程，成为其价值创造的重要支柱。

3.2.3 国际另类投资机构不良资产主要投资模式

国际另类投资机构在不良资产领域的经营主要以另类信贷资产投资基金等运作为主，杠杆并购、实物类投资基金为辅，因此本书对标其另类信贷投资基金，分析其不良资产经营方式。

随着近年来金融市场投资工具的日益丰富，大型另类投资公司纷纷推出多样化的信贷资产投资基金。金融危机的爆发为这些另类投资公司创造了绝佳的投资机会。如黑石集团的 GSO 部门，其为黑石集团旗下的信贷资产投资部门，在 2007 年推出了夹层贷款基金，2009 年又推出了基于救援策略的不良资产投资基金，2012 年通过收购一家上市的商业地产抵押贷款公司进入第一抵押权贷款的结构化投资市场。除黑石集团外，KKR 集团也在 2008 年推出了以高收益债、高杠杆贷款等流动性较好的信贷资产为投资标的的独立账户管理服务，2010 年以后又逐步推出了夹层贷款基金、不良资产投资基金等投资产品。从管理上看，大型的另类投资管理公司通常都有自己的信贷资产投资部门，以黑石集团为例，截至 2015 年底，其信贷资产投资部门的管理资产额达到 790 亿美元，约占其管理资产总额的 23.5%；橡树资本管理有限公司信贷投资策略下的管理资产额也达到 800 亿美元，占其管理资产总额的 80%以上；阿波罗投资公司旗下管理了 1200 多亿美元的信贷资产，如果加上其私募股权基金中的不良资产投资部分，实际的信贷资产规模更大。上述信贷资产投资在 2015 年为黑石集团等另类投资管理公司贡献了数亿美元的管理费收入，即使是在 2015 年美国高收益债市场崩溃、全球信用利差扩大的背景下，黑石集团在 2013 年～2015 年仍从信贷资产投资策略上获取了 13 亿美元的管理费收入和 7 亿美元的业绩报酬，而同期橡树资本管理有限公司的业绩报酬更高达 17 亿美元。

目前各大另类投资管理公司都在努力拓展信贷领域的产品线，尽可能实现信贷投资的全策略覆盖。其中，橡树资本管理有限公司、阿波罗投资公司等以信贷资产投资起家的另类投资管理公司擅长不良资产投资和高收益债、高杠杆贷款投资；黑石集团、KKR 集团、凯雷投资集团等以私募股权投资起家的另类投资管理公司则侧重于夹层策略、结构化策略、证券化策略等正常贷款的投资。

另类投资管理公司的信贷资产投资策略十分多样化，按照标的资产和投资载体的性质，一般可以划分为以下几类：

1.承诺出资制的封闭式信贷资产投资基金

其标的资产多为非投资级的第一抵押权贷款、次级抵押贷款、夹层贷款、不良资产等标准化程度低、流动性差的信贷资产。对于第一抵押权贷款部分，另类信贷资产投资基金通常会借助于银行等金融机构的结构化安排，来放大资本杠杆、提高投资收益率；而对于夹层贷款、次级贷款、不良资产等高收益资产，则大多采用长期持有的策略。

2.对冲基金形式的信贷资产投资基金

这类基金大多采用一次性缴款的开放式基金架构，并以高收益债、可转债、资产支持证券，以及流动性较好的高杠杆贷款为投资标的，基金净值的透明度较高，基金管理人主要通过对信用利差、风险定价偏差和跨资产类别的对冲套利来获取高收益。

3.以贷款担保凭证为载体的一类信贷资产投资基金

它实际上是以另类投资机构自主发放或对外收购的高杠杆贷款为标的资产的证券化载体，另类信贷资产投资基金作为这一载体的发起者和管理者，除获取管理费收益外，还可获取利差或劣后收益。

4.以BDC公司为载体的信贷资产投资基金

BDC公司是美国一类特殊的风险投资公司，它主要为美国本土的中小企业提供债权融资支持，并为其提供实质的管理支持，BDC公司既可以是上市公司，也可以是非上市公司，但无论其上市与否，只要符合一定的监管要求，其分红部分就可以免缴企业所得税。近年来，越来越多的另类投资管理公司开始从BDC公司中收取管理费和业绩报酬。

如果从投资策略的角度划分，另类投资公司旗下的信贷资产投资基金主要有三大投资策略：投资于流动性较差的信贷资产，投资于流动性较好的高收益债权资产，发起并管理资产证券化产品。其中，流动性较差的信贷资产投资策略又具体包括夹层贷款投资策略、不良资产投资策略、中小企业贷款策略，以及利用结构化安排来放大第一抵押权贷款资本杠杆的结构化或杠杆化策略；流动性较好的高收益债权资产主要包括高收益债、可转债、高杠杆贷款及其他证券化资产。

总体来看，与共同基金的固定收益产品相比，另类投资机构的信贷资产投资基金大多以非投资级的高收益债权资产为标的。因此，相对于共同基金产品，其流动性更差、信用风险更高，相应的收益率也更高。

3.2.4 国际另类投资机构信贷资产投资情况

在收益率方面，不同公司、不同策略下的投资收益分化较大，但总体上，以流动性较差的信贷资产为标的的封闭式基金，其长期的年化净回报率一般都在 7%以上。另类投资管理公司的封闭式信贷资产投资基金中，除凯雷投资集团的夹层策略基金自成立以来的年化净回报率仅为 3%以外，其他基金自成立以来的年化净回报率都在 7%以上。其中，阿波罗投资公司私募股权基金中的不良资产投资策略自建立以来创造了 49%的年化毛回报率，显著高于其私募股权基金中分拆、并购策略下 22%的年化毛回报率，而橡树资本管理有限公司的不良资产投资策略自建立以来也创造了年均 14%以上的年化净回报率。总体上，大型另类投资管理公司不良资产投资策略的长期回报率一般都在 10%以上，而夹层贷款、结构化贷款、中小企业贷款等正常贷款投资的长期回报率一般在 7%～15%；与之相对，以流动性高收益债权资产为标的的对冲基金或其他投资载体的收益率较低，一般不超过 10%，其中，对冲基金长期平均收益率在 6%～7%。

3.3 国内外非金融企业不良资产业务模式比较

国外许多另类投资机构并不过于强调不良资产业务属性，也不以资产端的来源区分业务属性，而是强调具体策略组合，以基金的方式灵活操作。如黑石集团、橡树资本管理有限公司的不良资产投资主要集中在特定基金中，并对不同类别的不良资产加以区分；而阿波罗投资公司、凯雷投资集团、KKR 集团则很少有单纯投资不良资产的基金，往往将不良资产投资融合在区域投资基金中，或在某些投资领域（基础建设、房地产、能源、医疗等）与正常资产进行策略组合。

国内不良资产经营机构按照资产来源对不良资产分类，包括传统金融不良资产、非金融不良资产等。相比国内对不良资产基于资产来源端分类，国际另类投资机构更注重基于项目来源的具体行业领域分类，主要专注各自的优势行业领域，化解行业发展危机。国际另类投资机构往往有各自擅长的行业领域，持之以恒，并深入研究，在某些领域拥有重要的市场地位和较高的市场份额，从黑石集团、KKR 集团等另类投资机构的行业配置上看，其在房地产的配置比重都较高，这点值得国内不良资产经营机构借鉴，虽然国内政策引导不良资产经营机构降低房地产行业资产配置，但是由于房地产行业具有天然金融属性和抵押风险低优势，既是不良资产运作中的关键资产，也是实现固定收益的安全品种，相关经营机构应该转变房地产领域的运作思路，强化其利润空间，并规避相关政策规制上的风险。同时，国际另类投资机构所涉及的不良资产业务也不仅仅是传统不良资产，更强调资产持有人风险防范的前瞻性及市场效率，众多与不良资产组合在一起的正常资产、困境机构的正常资产或者正常机构的非核心资产都是国际另类投资机构的重要投资标的，其投资的核心价值在于重组整合资源以创造价值，而使用“不良资产+正常资产”的组合拳方式实现发展的经营思路也是值得我国不良资产经营机构借鉴的。

国际另类投资机构在不良资产投资领域的发展更多强调的是专业运作能力，呈现综合化、灵活化的操作方式，其主要路径是将投资方式嵌入交易策略框架中。信贷、债权、股权等多种投资方式可组合运用到多个领域，其本质是综合各类模式形成特定领域的交易策略。另外，国际另类投资机构更注重以固定收益为主的债权投资模式，主要原因在于债权投资风险较小且现金回收能力较强，为另类投资机构可持续发展和其他业务协同发展提供了充分的流动性和安全边际。

从发展历程上看，国际另类投资机构在屡次经历经济危机之后，更加重视风险管控，逐步将重心从能够获得超额收益的股权收购模式，转移到以固定收益为主、风险可控的债权投资上。但各另类投资机构的信贷业务发展策略不尽相同，如黑石集团逐渐扩大信贷业务规模，抗风险能力得到有效提升；KKR 集团多采用高杠杆运行模式，快速提升标的企业运营能力；橡树资本管理有限公司一直保持着独有的保守、稳健风格，强调根据风险计算回报，相对于收益最大化，更关注避免损失。

从不良资产业务的开展资金来源看，国际另类投资机构的资金来源广泛、丰富，并多以基金形式体现，拥有众多以区域、行业、投资标的或运营模式为主要投资内容的基金，广纳社会资本，丰富资金来源。而国内不良资产经营机构的不良资产市场投资（包括非金业务）的资金来源主要为同业借款和自有资金，融资渠道狭窄，存在一定的短债长投的风险，与不良资产的投资周期存在错配现象，影响了化解金融风险和服务实体经济的能力。

从收益上看，我国非金业务通常在债务重组期间就约定固定收益率或重组补偿金，期限普遍为 3 年，最长 5 年。另类投资机构信贷资产投资基金虽然投资标的是固定收益产品，但本身的收益率却是不固定的，市场利率、信用风险、投资机会等都会影响最终的收益结果，期限通常在 10 年以上，从而赋予了基金更大的投资灵活性和稳定性。

从不良资产投资阶段上看，我国非金业务虽然与不良资产业务整体类似，均强调“逆周期调节”，但更多是伴随经济周期有所加大或者缩小，可以覆盖经济周期的任何阶段的。总体看，我国非金业务“顺周期”特征较为明显，主要投资被商业银行和资本市场屏蔽在外的非投资级债权资产，以获取较高的利息收益，或通过投资结构化融资的优先级部分，为企业提供银行贷款之外的补充融资。国际另类投资管理公司会根据经济周期低谷、信用利差扩大、市场流动性减弱等，加大低杠杆的不良信贷资产投资。这些机构采用低杠杆投资基金可以较少受到监管的束缚，减轻在盯市制度下保证金催缴条款的压力，同时投资基金存续期限更长，可以承受更高的市场波动风险，而扩大的信用利差则弥补了其杠杆率降低的收益损失。如金融危机中，部分基金在不使用任何债务杠杆的情况下仍可以获得 10%以上的年化净回报。

从不良资产风险管控上看，不良资产相较正常类资产投资风险更大，风险管控应要求得更严格。国际另类投资机构在屡次经历经济危机之后，更加重视风险管控，较为明显的一点就是逐步将重心从能够获得超额收益的并购股权收购模式，转移到以固定收益为主、投资风格更为稳健的“类债权”投资上。各另类投资机构业务发展策略不尽相同，如黑石集团、阿波罗投资公司倾向于推进信贷类业务，根据信贷类业务设计风险管控模式，并逐渐扩大信贷业务规模，抗风险能力得到有效提升；KKR 集团主要采用“高杠杆+低风险敞口”运行模式，仍注重获取标的公司实控权，强化对标的的控制，在标的公司经营层面设计投资附加条件，加强风险防控，并快速提升标的企业运营能力；橡树资本管理有限公司一直保持着固定收益投资这一独有的保守、稳健的风格，根据项目实际情况，“一企一策”，测定风险并计算回报，谋取收益最大化并注重避免损失。

相较于国外另类投资机构，国内另类投资机构对于不良资产的防控更多是参考银行信贷模式的内部风险管理，风险把控尺度差别较大，一部分机构以浮动收益来界定风险，另一部分机构以传统银行业务模式来管控风险。同时，国内不良资产经营机构基本于 1999 年后成立，业务主要集中在中国境内。考虑到我国宏观经济持续健康稳定向好发展，并没有出现多轮大涨大跌、大动荡的经济波动，因此国内的不良资产经营机构很难在实践中锻炼化解风险、经营风险的能力。从国际不良资产经营机构的实践经验看，不良资产业务的开展呈现资金多元化、期限更长、收益约束较低的局面，是确保不良资产实现经营规模提升、效益稳定的重要保障，也是企业有能力提供综合性金融服务、一站式不良资产市场风险化解方案的重要前提。

3.4 小结

本章主要总结国外另类投资机构不良资产业务模式，梳理国内已成熟的非金融企业不良资产业务模式，并将国内外的非金业务模式进行对比分析，得出如下结论：

一是国内不良资产经营机构与国外另类投资机构在业务分类、业务模式等方面存在不同，并存在一定的差距。国内对于非金业务的单独划分，人为以资产端来源割裂诸多非金业务模式间的关联，并不利于以多元化手段盘活企业间的不良资产，化解商业风险，防止商业风险蔓延至金融领域。因此，在开展非金业务时，国内不良资产经营机构可以借鉴国外的模式，重策略而轻模式划分，拓宽非金业务范围，彻底摆脱狭义定义的非金业务，打破业务模式间的简单分割，充分运用债转股、困境企业重组等模式。

二是国内不良资产经营机构在开展非金业务时要高度重视固定收益贡献。从国外的经验看，固定收益在不良资产经营中有重要作用。随着我国经济高质量发展持续推进，非金融企业均加快“挤泡沫、去杠杆”，非金融企业不良资产业务的债权约束仍可有效防止企业继续盲目加杠杆。相较于债转股获取浮动收益，以固定收益为目的的非金融企业不良资产投资手段，周期更短，利益相关方更容易达成一致，刚性兑付约束强，不良资产经营机构在既有资本规模下的投资能力更强，并且其并不对企业稀释股权，部分企业更乐于接受该手段。不良资产经营机构可以与其他投资机构开展组合投资、联合运作，形成完整有效的组合投资策略，合理配比固定收益与浮动收益，扎牢固定收益基本盘，博取浮动的高收益。

三是在当前大部分行业充分竞争、利润减薄的情况下，不良资产经营机构发展非金业务需要走专业化发展道路。专业化即强调深耕特定的行业领域，不良资产经营机构应基于自身的行业积累优势及不良资产盘活的行业特性，聚焦周期性行业与消费领域，如大消费、大健康、大环保、高端装备等，探索转型升级。

四是非金业务的开展需要长期稳定的资金供给。固定收益为主的非金融业务模式使不良资产经营机构可以通过扩大投放资金规模增厚盈利。对不良资产经营机构而言，该业务本身更多的是一个行业对应一种模式，很难有统一的模板，也很难使投放时间保持一致。因此，一旦资金久期不合理，就容易出现“长债短投、资金错配”，引发流动性风险。从国外经验可以看出，引入多层次的资金，扩大社会资本引入，争取支持发行长期专项债券，并探索基金运营模式，以便获得持续、稳定的资金来源，是实现非金业务高效运营，促进不良资产业务高质量发展的重要条件。

第 4 章 我国非金融企业不良资产业务开展现状及发展趋势

4.1 我国非金融企业不良资产业务开展的背景及历史

1999 年，我国借鉴国际经验，成立了中国东方资产管理公司（现为中国东方资产管理股份有限公司，以下简称东方或东方公司），中国信达资产管理公司（现为中国信达资产管理股份有限公司，以下简称信达或信达公司），中国华融资产管理公司（2012 年改为中国华融资产管理股份有限公司，2024 年 1 月更名为中国中信金融资产管理股份有限公司，由于涉及此公司的表述背景都在 2024 年之前，故以下简称华融或华融公司），中国长城资产管理公司（现为中国长城资产管理股份有限公司，以下简称长城或长城公司），此四大资产管理公司专职处理国有银行不良资产。随着政策性剥离资产任务收尾，传统的银行不良贷款收购业务已无法满足资产管理公司转型、实现可持续发展的要求，难以形成可持续增长的盈利模式，政策性业务处置十年“大限”将至，在“大限”前完成商业化业务的转型，实现业务规模的快速增长，成为资产管理公司的首要工作。2010 年，信达公司获准先行试点，收购和处置非金融类不良债权资产，业务范围从传统的不良资产收购处置，扩展到非金融机构的不良资产收购，资金投向从银行拓展至上市公司、房地产、政府融资平台等领域排名靠前的企业，收购范围横向延伸至远期可能存在逾期的银行信贷资产或企业应收账款。后经过一段时间的试点，监管部门研判认为，资产管理公司开展非金业务既可以解决其商业化转型的需求，也可以盘活市场存量债务、缓解企业经营负担，服务好实体经济。

近年来，随着中国银河资产管理有限责任公司，及一些银行系金融资产投资公司、地方资产管理公司的设立，以及四大资产管理公司的商业化转型，国内资产管理公司市场主体不断扩容，逐步形成五大资产管理公司、地方资产管理公司、银行系金融资产投资公司、民营资产管理公司及外资资产管理公司并存的行业生态，非金融企业不良资产参与主体逐步多元化。国内资产管理公司市场主体的壮大顺应了非金融企业不良资产市场扩容的需要，也利于处置非金融企业不良资产、平滑经济周期、化解金融风险。从不良资产经营机构积极开拓非金业务以来，不良资产经营机构的不良资产渠道由单一金融机构变为金融机构和非金融机构并重，非金融企业不良资产正逐步取代传统金融不良资产成为第一大不良资产来源。从不良资产业务来源看，2018 年信达、华融非金融类不良资产经营收入分别占不良资产经营总收入的 63.1%、78.5%。

同时，非金业务成为不良资产经营机构营收规模扩大，保证稳定收益的重要部分。从信达公司和华融公司披露的上市年报来看，其将非金融企业的不良资产收入统称为收购重组类业务收入。非金融企业不良债权资产主要来源于房地产行业，其次是制造业，行业集中度风险高。

非金融企业的业务收入的项目内部年化收益率逐年下降，信达、华融两家资产管理公司之间的内部收益率不断收窄。虽然非金业务规模在不断扩大，但是外部资金成本抬升、非金融企业利润削薄，不良资产市场竞争逐渐激烈，所以信达和华融的收益率逐渐下降。

4.2 我国非金融企业不良资产业务开展现状

4.2.1 非金业务相关政策

从监管规则层面看，经过20多年的发展，中国不良资产管理行业的监管架构逐渐成形，如今已具有明确的监管机构，初步建立了监管体系。从市场运行层面来看，不良资产的一级市场和二级市场已经建立：一级市场服务于持牌业务，只有持牌机构才能从金融机构批量收购不良资产；二级市场服务于市场化交易，无需金融机构经营许可证即可开展不良资产收购处置。近年来，我国金融监管政策变化较大，时间跨度从2017年至2023年，对不良资产经营机构非金业务开展影响甚大，与非金业务密切相关的主要包括金融业监管政策、银行证券行业（以下简称银证行业）监管政策及资产管理公司政策。2017年以来，监管部门围绕"治乱象、降杠杆、破刚兑、堵通道、去嵌套、控地产、挤泡沫"等颁布的监管政策及细则多达数百项，覆盖范围之广，处罚力度之大远超业界预期，对整个金融业态产生深远影响。在监管形式上，加强了金融监管协调的权威性、协调性及有效性；在监管内容上，弥补了以往在金融领域中的很多监管空白；在监管力度上，其强度远超预期。主要政策内容如下：

1.金融监管协调政策

①2017年7月，国务院设立金融稳定发展委员会，贯彻国家层面维护金融安全的总体部署，增强金融监管协调的权威性和有效性，中国人民银行牵头各金融监管部门发布系列文件，着力统筹金融监管。

②2018年4月27日，《关于规范金融机构资产管理业务的指导意见》出台，立足于解决四大问题：一是刚性兑付、摊余成本法居多，二是多层嵌套、影子银行的风险累积，三是流动性风险积聚，四是机构监管标准不一。旨在弥补分业监管制度漏洞，防范监管套利。

③2017 年 12 月，中央经济工作会议在北京举行，会议确定打好防范化解重大风险攻坚战，重点是防控金融风险，要服务于供给侧结构性改革这条主线，促进形成金融和实体经济、金融和房地产、金融体系内部的良性循环，坚决打击违法违规金融活动。

④2018 年，中央财经委员会会议要求要以结构性去杠杆为基本思路，分部门、分债务类型提出不同要求，地方政府和企业，特别是国有企业要尽快把杠杆降下来。

⑤2022 年，中国人民银行、中国银行保险监督管理委员会（以下简称银保监会）印发《关于做好当前金融支持房地产市场平稳健康发展工作的通知》，鼓励并支持金融资产管理公司参与房地产风险处置。

⑥2023 年，中共中央、国务院印发了《党和国家机构改革方案》，组建中央金融委员会，不再保留国务院金融稳定发展委员会及其办事机构，将国务院金融稳定发展委员会办公室职责划入中央金融委员会办公室。

⑦2023 年 10 月 30 日至 31 日，中央金融工作会议在北京举行，会议强调，以全面加强监管、防范化解风险为重点，坚持稳中求进工作总基调，统筹发展和安全，牢牢守住不发生系统性金融风险的底线。

2.银证行业监管政策

①2017 年 12 月，银监会发布《关于规范银信类业务的通知》，对银信类业务，特别是银信通道业务予以规范。要求不得利用信托通道掩盖风险实质，规避资金投向、资产分类、拨备计提和资本占用等监管。

②2018 年 1 月，银监会发布《商业银行委托贷款管理办法》，明确“商业银行不得接受委托人为金融资产管理公司和经营贷款业务机构的委托贷款业务申请。”

③2018 年 1 月，银监会印发《关于进一步深化整治银行业市场乱象的通知》，具体涉及公司治理不健全、违反宏观调控政策、影子银行和交叉金融产品风险等问题。

④2018年1月，经中国证券监督管理委员会（以下简称证监会）批准，上海证券交易所与中国证券登记结算有限责任公司共同发布《股票质押式回购交易及登记结算业务办法（2018年修订）》，明确股票质押率上限。

⑤2023年1月，银保监会工作会议指出，积极推动信托等非银金融机构聚焦主业转型发展。

3.资产管理公司政策

①2017年12月，银监会发布《金融资产管理公司资本管理办法（试行）》，规范业务边界，通过设定差异化的资产风险权重，引导资产管理公司按照“相对集中，突出主业”的原则，聚焦不良资产主业。

②严禁为房地产开发企业直接或者间接提供股本性融资、用于缴纳土地出让金价款的融资、不针对具体项目的流动资金；严禁提供土地储备融资；降低房地产集中度，采取切实有效措施防范和化解风险。

③2023年，国家金融监督管理总局就《非银行金融机构行政许可事项实施办法（征求意见稿）》公开征求意见，提出进一步放开境外机构入股金融资产管理公司的准入条件等。

通过政策的梳理，可以看出金融领域严监管、防风险是长期态势，各类金融监管政策的制定与出台，不仅严厉整治沉积的金融乱象，也督促资产管理公司非金业务回归不良资产属性，有序稳健发展，有利于资产管理公司更好地服务实体经济。从监管政策的演变看，监管部门加强了对金融机构的系统监管，对不良资产经营机构的资金来源、业务领域等也有严格限制。

严监管态势对不良资产经营机构非金融不良资产业务的主要影响表现在如下几方面：

第一，业务资金来源被进一步压缩，业务规模化扩张优势可能被削弱。长期以来，不良资产经营机构融资渠道收窄，长期负债来源有限，资产负债间存在较为明显的期限错配等问题。在当前监管态势下，不良资产经营机构更是面临正常经营中大额资本消耗和长期限的资本占用的问题，影响到各项业务的持续健康开展，包括不良资产经营机构长期主要利润来源之一的非金业务。在过去，非金业务主要通过规模化实现利润，因此资金量收缩对于非金业务开展具有不利影响。

第二，非金业务的行业配置需重新调节比重。对非金业务而言，以往房地产领域投资比重较大，一般在 50%以上，监管政策严控资金流向，明令要求不得增加用于房地产行业的融资，同时要求不良资产经营机构限制房地产行业业务在公司业务资产配置中的比重，更多地响应国家“控房地产”，回归实体经济的政策要求。

第三，不良资产经营机构非金业务客户群体需重新识别风险。以往不良资产经营机构考虑风险和收益的权衡问题，非金业务积极参与地方政府及国有企业的投融资业务，而监管政策的出台进一步限制不良资产经营机构参与地方政府和国有企业投融资行为，防范地方投融资平台及国有企业的债务比重扩大。

种种政策和举措的实施，要求不良资产经营机构遵循市场化原则，重新规划业务领域，审慎选择合作客户，评估国有企业、政府投资平台的债务风险，确保自有经营性现金流能够覆盖债务本息，不出现经营风险问题。同时，支持实体企业去杠杆等政策的出台，也鼓励不良资产经营机构通过撬动社会化资金支持实体企业降杠杆，加速不良资产经营机构已持有的资产处置工作，实现高效流转的同时，加快对新增资产配置工作，实现不良资产经营机构可持续健康发展。可以看出，对于不良资产经营机构开展非金业务而言，已出台的监管政策对当前加速不良资产经营机构调整非金业务是有益的。

4.2.2 非金融企业不良资产市场情况

从 2017 年信达、华融两家资产管理公司披露的年报看，其非金融不良资产规模达 5369 亿元，占总资产规模的 16.48%，对公司业绩的贡献均维持在 30%左右，非金业务已成为两家资产管理公司的重要盈利来源。由此看来，非金业务的稳健发展是资产管理公司健康经营的关键，因此，测算非金融不良资产市场空间对于资产管理公司的可持续经营是必要的。想估算非金业务的潜在存量规模，需要考虑非金融机构不良资产质量的主要基础，主要选择央企、国企、全国重点民营企业作为非金业务测算的主要对象，在此基础上，大致估算非金融机构不良资产业务的潜在存量规模。

根据财政部等相关部委公布的数据可知，截至2023年末，央企资产总量为86.6万亿元，地方国企总量达到230万亿元，两者总量为316.6万亿元。以国有上市公司不良资产率平均水平1.78%为基础，考虑到央企的利润考核压力更大，因此估计央企的不良资产率会略低于1.78%，地方国企的不良资产率会略高于1.78%，在此基础上，根据央企、国企不良资产平均水平来推算，2023年末国企不良资产总额将超过5.63万亿元。而作为国内最大的企业群体，民企总资产规模也在逐年稳步增长，但由于大部分民企经营不规范，企业规模较小且风险管控水平有限，非金业务来源比重偏低。因此，应以实力较强的民企作为分析对象，计算其潜在存量。按照2023年末的民企500强计算，民企资产总额达到46万亿元，按不良资产平均水平2.52%计算，预计民企不良资产业务规模在1.15万亿元左右。根据国企和民企的总和测算，在企业间的不良资产业务规模大致为6.78万亿元。

从行业分布上来看，非金融机构不良资产行业的不良资产总额处于平均值以上的行业是制造业、采矿业和建筑业，其对应的不良资产率都处于较高的水平，其中制造业的不良资产率水平高于平均水平，而且从整体趋势来看，第二产业大部分都处于不良资产总额较高之列，第三产业则大部分处在不良资产总额较低之列。这也基本符合供给侧结构性改革的方向。总的来说，第二产业资产总量较大，经营链条比较长，上下游企业众多，并且受经营运行周期的影响非常大，而目前第二产业大部分不良资产总额都处于比较高的水平，在经济运行处于下行的情况下，对于盘活资产、提高经营效率的诉求相对更为强烈。

进一步分析发现，制造业的不良资产总额和不良资产率均高于平均水平，说明制造业面临着较大的盘活存量资产和提高资产经营效率的压力；采矿业和建筑业的不良资产总额高于平均水平，而不良资产率低于平均水平，如果这两个行业不及时调整经营策略，优化财务结构，将来仍存在不良资产率继续走高的可能；不良资产总额和不良资产率均低于平均水平的行业，诸如零售业、交通运输业和房地产业等，具有较大的业务发展空间。

从业务范畴上看，非金融不良资产供给已从企业间应收账款等不良债权向多市场领域拓展，债券市场的违约债会呈上升趋势；从股权市场看，市场化债转股不断推进，上市公司中的 ST（Special Treatment，特殊处理）股权、新三板股权、私募股权基金持有的股权快速增长，将是待开拓的蓝海；房地产市场、机器设备等不良物权市场的收购处置仍是待开发的新市场。具体看来，在潜在规模较为客观的非金融机构不良资产中，有三类可能成为不良资产经营机构的业务开展对象：一是内部往来款和长期投资类不良资产，这类资产具有权利法定性和整体能力的相对稳定性，风险和时间分布的不均衡性可以激活其交易特征，在实体企业中此类不良资产一般占比较高，更适合成为非金融机构不良资产交易标的；二是涉房类实物资产，包括土地使用权、在建工程等，由于存在投资再增值的盈利空间，也可纳入非金融机构不良资产业务范围；三是企业委托贷款、存在价值贬值风险的证券产品，可列入非金融机构不良资产业务的收购范畴。

因此，按照非金融不良资产的大范畴的角度看，其市场空间更宽广，主要包括以下几方面：

1.信贷市场中的非银行机构不良资产

截至 2023 年末，我国融资租赁资产规模 7.74 万亿元；消费信贷余额 0.88 万亿元；各类小贷机构借贷金额 0.99 万亿元。这些非银行机构的资产中有大量的不良资产需要处置。

2.资产管理市场

截至 2023 年末，我国信托资产 21 万亿元，其中风险项目 0.6 万亿元；银行理财资产 27.65 万亿元，如按商业银行信贷资产的不良率 1.62%估算，不良资产有 0.44 万亿元，两者不良资产合计 1.04 万亿元。

3.债券市场

截至2023年末，我国市场上共有52只债券违约，多为上市公司或上市公司大股东。万得数据显示，目前债券余额157.9万亿元，已出现违约432亿元。从展期情况来看，2023年信用债市场展期数量151只，同比下降11.70%，展期债券规模2,009.75亿元，主要集中于房地产企业，占比74.17%。从评级下调情况来看，共有69家企业主体评级被调低，190家主体展望被调低，同比上涨12.43%，多为房地产和多元金融企业。

4.地方政府及各类平台债务

截至2023年末，我国地方政府债务余额40.7万亿元，随着债务期限的到来，如发生再融资困难，将会出现部分违约风险。而地方政府亦持有大量的优质资产，重组和整合的潜力巨大。

5.股权市场

截至2023年末，我国上市公司约5300家，市场价值70万亿元左右，其中ST股权55家。从债转股情况看，上一轮政策性债转股中，四大资产管理公司完成债转股580户，金额3000多亿元；本轮市场化债转股截至2021年统计，市场化债转股累计签约3.08万亿元，累计落地1.69万亿元；截至2023年末，中国私募股权基金认缴规模累计5.73万亿元。

6.房地产市场

随着房地产调控政策的实施，中小房地产企业可能面临严重的流动性困难，甚至会产生一批“烂尾楼”，形成规模巨大的不良物权，其中蕴藏着大量的并购重组机会。

7.机器设备等物权市场

除债权中的抵押品和质押品（主要是房屋建筑物和土地使用权）抵债，金融资产管理机构很少介入实物资产的收购处置。截至2023年10月末，规模以上工业企业资产总计 167.78 万亿元，其中的机器设备等物权资产金额巨大。

8.不良市场参与主体

从参与主体看，目前已形成不良资产投资商（核心管理者）与不良资产服务商（辅助管理者）两大类主体。其中，不良资产投资商格局可以概括为“中央系+地方系+银行系+外资系+N”。中央系即五大资产管理公司；地方系指地方资产管理公司；银行系指 AIC；外资系和 N 分别指外资资产管理公司和民营资产管理公司。不良资产服务商包括处置服务商、专业服务商、交易服务商、综合服务商等，分别提供处置服务、法律评估等专业服务、交易平台服务、多元化综合服务等。由不良资产投资商、不良资产服务商等构成的多层次市场格局已逐渐成形，具有较为稳定的市场生态圈和产业链。

4.2.3 非金业务开展情况

非金业务是不良资产经营机构主业的重要板块，它与传统不良资产业务共同构筑了不良资产经营机构的不良资产主营业务的基石，也是不良资产经营机构实现持续性收入的重要基础性业务。

在经历“华融事件”后，监管方面整治金融乱象，打击非法金融工作，不良资产经营机构的各业务发展均面临严格的监管排查，在此形势下，不良资产经营机构均在不同程度上重新调整既有业务的发展思路。而非金业务作为不良资产经营机构的核心业务之一，其业务存在类信贷等问题，收益率也不断收窄，风险却在不断攀升，资产管理公司也有调整优化其业务的需求。本书中主要以信达和华融已披露的信息来分析说明。

1.非金业务发展现状

在严监管的态势下，信达加快非金业务转型探索，主动调整资产布局，严控业务风险。深入贯彻“大不良”理念，立足问题机构、问题资产，主要在四方面开展了相关的工作：一是在项目来源探索方面取得实质进展，由收购企业间应收款为主，扩大到违约资管计划、信托计划、交易所挂牌等资产，在“烂尾楼盘活”和“国有企业主辅业剥离”方面建立较为成熟的业务模式，实物资产收购取得突破；二是深挖重点客户价值，与行业龙头客户合作，充分运用集团多种金融工具和手段，从财务重组转型为深度资源整合，从类信贷转化至增加浮动收益安排，开展实质性重组；三是严把新增资产质量关，适时调整经营策略，提高项目准入标准，审慎拓展业务；四是加强精细化管理，加大业务培训力度，优化完善业务制度和信息系统，强化过程管控。

华融调整经营战略，聚焦不良资产主业，非金业务保持规模持续增长，在市场中仍居领先地位，收入确认更加审慎，业务收益率保持稳定，业务占比中涉房类项目明显较低，对于风险的分类把控也更加严格、透明。在非金资产来源上也充分扩展，向问题企业、问题机构、地方债务及违约企业债券倾斜。

从信达和华融两家资产管理公司已披露的信息看，资产管理公司均意识到非金融不良资产机遇增加，也在加大对非金融企业不良资产收购重组业务的投入，同时探索非金融企业不良资产市场领域，经营手段也更加综合化。

但是，需认识到当前非金业务模式（收购重组类模式）并未有较大的变化，主要有以下形成原因：从收购的资产端看，仍是以商业债权为主，股权及实物类资产较少，虽然对债权、股权及实物类资产的收购评估都是市场化定价，但是由于债权本身带有一定的刚兑特征，债权人在一般情境下很难损失自身利益折价出让债权，因此不良资产经营机构也难以按照市场化资产定价机制对不良资产实施打折收购。在实际的操作中，比较真实反映定价的债权收购来源主要是集团内关联款，对于第三方及上下游企业的商业债权，不良资产经营机构通常根据不良资产的属性对不良债权象征性地打折，用重组补偿金的方式收取收购价格与实际定价之间的差额，既满足监管需求，又符合原债权人的诉求及不良资产经营机构的利益。而这种操作方式因为其关联交易中债权的真实性及未通过市场化定价打折收购债权，被监管层质疑非金业务的合规性。可以看出，虽然看起来以重组补偿金的方式收购债权并未打折收购，但是实际上债权收购整体方案是以比债权价值更低的价格收购债权，使债务债权关系发生根本性转移。同时，重组补偿金的方式也避免了收购国有企业不良债权时可能发生的国有资产流失的道德风险。

因此，减少集团内关联交易来源的债权，增加标的企业外部，如上下游企业的债权收购，也是不良资产经营机构下一步的发展方向，同时，对于企业间债权收购实行分类，小散差的债权，其对应债权人以完全正常价格回收债务的成本较高，因此对其实行打折收购具备一定的可行性，而对于债权规模较大，目标企业较好的情况，可以采取重组补偿金的方式实现非金债权收购。同时，增加非金融企业不良资产中的不同资产，如股权资产、实物类资产的收购。在非金业务上，不良资产经营机构当前也在不断探索各类业务，但需强化以非金融企业不良资产收购为总体业务的辅助手段，是解决标的企业债务问题的前期手段，后期仍需以综合化手段，如市场化债转股、并购融资等方式开展业务。

2.不良资产经营机构的不良资产业务发展不足

总体上看，非金业务存在的问题不仅包括业务本身实际开展的问题，还包括且不限于业务开展的融资、定价、操作方式、资产配置等方面的问题。考虑到该问题具有普遍性，因此本书将探讨说明不良资产经营机构相关的问题。

（1）业务规模不断扩大造成资金沉淀问题突出

近年来，非金业务模式不断创新，但本质上仍沿袭传统的“以间接融资为主，重资产”的业务模式，考虑到其业务体量占相关机构业务的比重较大，对于相关机构资金占用大，内部资金流转影响大，因此主要有两个突出问题：

第一，资金端和资产端长期期限错配。目前不良资产经营机构融资渠道主要以短期同业借款及公开发债为主，中长期直接融资规模比重较低，资产端非金业务以中长期债权投放为主，以 3～5 年为准，负债端和资产端长期存在期限错配。同时近年来实体经济下行压力增大、国内外经济形势日趋复杂，受诸多不利因素影响，存量非金业务形成的资产处置盘活难度加大，放大了资产端的风险隐患。此外，银行同业业务和表外业务大幅萎缩，导致融资渠道持续收窄，融资成本不断攀升，进一步加大流动性风险。

第二，主营业务模式单一，资金沉淀问题凸显，增加风险跨市场传染可能。不良资产经营机构除去传统收购处置类业务外，其他业务如收购重组类、债转股、实质性重组等都是以债券打折收购切入，风控措施为传统抵押、信用担保等，并且大量资金投向高风险项目，投放资金回收时间不确定、安全性保障弱，投放资金固化沉淀问题严重，导致企业掩藏的经营风险转嫁到不良资产经营机构，增加风险跨市场传染的可能。

（2）定价机制缺乏信用市场有效支撑，涉及多方博弈，商业化解决债务问题难度较大

不良资产经营机构业务主要集中在非标领域，即根据项目实际情况与企业相关方协商定制个性化方案，参与方、收益、放款条件、风控措施、还款安排等都由项目各方磋商。当前不良资产经营机构非标定价机制与企业信用水平、还款能力、风控措施等不匹配，隐藏风险大，主要受以下因素影响：

一是公开信用评级市场评定不合理、评级虚高问题突出。以信用债市场为例，2021 年出现信用债违约的企业中，历年信用评级良好的占比高达 95%。不合理的公开信用评级使非标市场失去“定价锚”，导致一级非标融资市场定价与二级公开债券市场定价严重割裂，表现为普遍存在同一主体二级市场发行定价与非标融资市场定价存在较大差异的情况。此外，部分发行主体对二级公开市场“托底”，拉高债券价格并对非标融资市场采取调整债务偿还方案的方式，同一主体在公开和非公开市场上有两种截然不同的表现，致使融资市场参与主体利用市场价格发现企业信用风险机制失灵。

二是不良资产经营机构所涉业务主体复杂，谈判地位弱、投资策略简单，难以实现合理定价。从 2021 年化解大型地方国企和城投平台违约风险情况看，不良资产经营机构通常利用直接和间接两种方式化解相关风险。直接方式是指不良资产经营机构通过二级市场直接收购被抛售的发行人潜在违约债券，持有至其恢复原值售出或者到期发行人兑付，策略主要是赌大型国有企业作为发行人，会因保信用而实现刚兑。这类方式市场机遇较多、商业化策略可行，但此类被动投资策略本质上并不能化解企业风险、修复企业价值，还可能扭曲市场

价格发现风险机制。

同时，由于债券发行人均与不良资产经营机构存量业务主体联系紧密，不良资产经营机构参与公开市场操作二级市场债权交易有意“托底”价格，存在道德风险，大规模开拓此类业务可能引发监管风险。间接方式是指不良资产经营机构通过一揽子收购标的企业违约债券，然后利用债务重组、债转股、引入战略投资人等一系列操作实现价值修复，这是资产管理公司常用的操作方式。考虑到化解债务风险主体可能包括各类金融机构、政府、政府平台公司、大型国有企业等，存在多方利益博弈。相关主体出于自身诉求考虑，通常会压低对外融资的公开市场利率并迫使不良资产经营机构接受其作为非标市场定价基准，加之不良资产经营机构在面对相关主体时谈判能力先天性不足、议价权弱，导致难以对项目风险进行合理定价，最终不良资产经营机构初期以所谓“商业化目的”参与，但由于化解风险过程中缺乏切实可行的商业运行模式，导致资金沉淀成为政策性项目。

（3）重组实施路径压缩，“明贷多、重组少”，促进产业重组提质增效的潜力有待释放

当前，监管部门及政策层面均鼓励按照市场化、法制化运作的原则，推动“政府搭台、企业唱戏”，跨区域跨所有制、围绕主业向上下游兼并重组，实现产业集中度提升，提升企业竞争力优势及抵御风险能力。但鉴于近年信贷资金对“两高一剩”行业流入谨慎、国有企业及大型民营企业工作任务重点在降低杠杆率、部分兼并重组涉及民生和地方经济发展、资产债务整合难度大等因素，相关行业市场主体基于市场化运作的兼并重组力度不足，更多是指令式兼并重组，产业重组进展缓慢，成效不明显，部分产业集中度出现升降反复的态势。事实上，不良资产经营机构多年来基于自身存量业务投资能力，运用多类手段，通过实质性重组模式，支持传统周期性企业对外并购重组同领域问题资产及问题企业，已完成案例数量颇丰且较为典型，具备通过市场化并购重组降低企业债务、激发企业经营活力的能力，但在当前形势下不良资产经营机构基于市场化运作的兼并重组也面临多重制约。首先是信托、基金等金融工具放款

空间逐步受监管政策影响收缩，资金投放渠道逐步收窄，难以持续大规模投放资金覆盖并购重组需求方；其次，鉴于并表等技术问题，商业化重组风控抓手与穿透并表企业难以兼容；最后，由于投资期限较短，为应对解决自身经营上的资金错配结构，资金投放期限收窄至3年之内，从标的企业脱困时间看，期限过短则难以实现标的企业跨周期盘活资产、修复价值的目标。

（4）资产配置结构不佳，企业价值再造能力受限

受历史原因、业务特点、风控要求等因素影响，当前不良资产经营机构非金业务项下资产配置仍以房地产、传统重资产周期类行业为主，房地产领域配置占到一半左右。从资产配置结构看，随着房地产领域去杠杆的深入推进，房地产领域配置过重引起房地产领域资产配置风险敞口放大，风险逐步暴露，风险进一步传导至不良资产经营机构。此外，当前对新兴产业和投资产业关注不高，参与新兴产业债务化解不高、投放力度不足、投资能力明显不足，资产配置结构与国内产业发展趋势存在一定的脱钩。

3.非金业务主要风险

非金业务如果不考虑收购资产后进行“投行化”重组方案，风险点主要集中在前期非金融企业不良资产收购领域，体现在收购的标的债权的“三性”问题上，即真实性、洁净性和有效性。考虑大部分商业银行在金融制度相对完善、金融监管相对严格的环境下，对外处置不良资产操作较为规范，确保出具原贷款合同及不良资产证明书，这体现了传统不良资产债权的真实性。相比之下，非金融企业不良资产主要发生在企业往来款等债权上，未有第三方对其进行有公信力的确权，存在虚构债权的风险；因为非金融企业不良资产收购更多是金融机构行为，相关监管机构不对其单一客户集中度实行监管，投向集中度容易过高，引发集中度风险；金融机构若参与非金融企业不良资产收购，并不与其他机构联网共享信息，也没有上报中国人民银行信用系统，造成信息披露不完善，便存在利用同笔债权或同一交易背景重复融资的隐患。总体看，由于非金融企业不良资产来自企业间，因此其容易出现合规风险、法律风险、业务

风险等。

从合规风险上看，监管机构认为非金业务监管存在缺乏审慎原则，收购资产不真实、不洁净，违反规定操作对外融资等问题。以 2019 年为例，中央审计署进驻 20 多家地方资产管理公司后指出，全部存在偏离主业，违规对外融资的问题。

从法律风险分析，金融机构收购非金融企业不良资产是以《中华人民共和国合同法》关于债权转让的规定为法律基础。在非金融企业不良债权收购业务中，金融机构等作为债权受让人，非金融机构作为债权让与人，在该债权转让过程中存在三层法律关系：一是债权让与人与债务人之间的债权债务合同关系，此为基础债权关系；二是债权让与人与受让人之间的债权转让合同关系，此为债权转让合同关系；三是债权受让人基于转让合同，与债务人之间形成的新的债权债务合同关系。在非金融机构不良债权收购业务中，通常存在以下法律风险：

（1）基础债权不真实或不存在

导致基础债权不真实或不存在的主要原因是基础债权债务关系并未发生，或者基础债权债务关系已经消灭。

（2）基础债权合同存在效力瑕疵

基础债权的效力瑕疵主要表现为合同不成立、无效、可撤销、可被解除或超过诉讼时效等情形。

（3）基础债权存在履约瑕疵（不洁净）

债权让与人与债务人之间互负合同义务，债权让与人的合同义务尚未履行完毕。

（4）基础债权可被抵销

基础债权转让前，债权让与人与债务人互负债务，债务人可能会向债权受让人主张在同等金额内的债的抵销权。

（5）基础债权被多次转让，债权让与人丧失债权

因债权转让缺乏公示效力，发生债权多次转让，债权让与人可能丧失债权

处分权。

（6）存在债权禁止转让的情形

《中华人民共和国合同法》第七十九条规定，债权人可以将合同的权利全部或者部分转让给第三人，但有下列情形之一的除外：

①根据合同性质不得转让；

②按照当事人约定不得转让；

③依照法律规定不得转让。

从司法实践案件上看，非金融债权收购中存在基础债权效力争议的案例，债权转让人或债务人通常会以“基础债权虚假或者债权转让交易模式不符合一般的收购不良资产的交易模式”为理由主张债权转让合同无效。大部分案例中法院对否认债权转让合同效力的主张都是不予认可的，法院判决债权转让合同无效皆因有充足证据证明债权转让为虚假意思表示或存在明显违背债权转让法律特征或商业规则。法院对涉及非金融机构不良债权真实有效性持否定态度，即认定为“明债实贷”的考量因素，主要包括如下方面：

（1）有通谋

债权受让人明知转让的标的债权为虚假债权，甚至参与该虚假债权设计，债权受让人通过收购虚假债权达到为债务人融资的目的，各方当事人均明知债权转让行为系“虚假的意思表示”而为之。

（2）无收益

当前债权收购交易行为不会给收购方增加任何收益，资产管理公司收购不良非金债权主要是通过打折收购方式受让标的债权，并获取超额收益。如果债权受让不会给其带来任何收益（如原价收购），则法院可能认定违背商业规则，不符合常理。

（3）增负担

根据债权转让的基本原则，原债务人仅在原基础债务负担范围内承担相应责任，并不会给自己增加额外债务负担，如果债务人主动给自己增加本不必要承担的责任，则不符合正常商业规则或交易习惯。例如：在基础债权关系中并没有约定应付债务利息、未提供任何担保措施；未约定违约责任；违约责任较轻的情况下，还款协议中却约定债务人承担明显高于银行同期贷款利率的资金占用利率或较高的利率，或者要求债务人另行提供足额担保，甚至约定债务人在逾期情形下承担更为严重的违约责任。

（4）假支出

债务人通过虚构支出项目的方式，向债权受让人给付金钱，实际上是为了向债权受让人归还贷款及支付高额借款利息。例如：债务人与债权受让方签订《财务顾问协议》并支付财务顾问费，但在财务顾问费项下并未有具体的财务服务内容。

此外，债权受让人在尽调过程中是否对标的债权符合“三性”要求尽到审慎注意义务，是否能对收购标的债权相关“不合理”情形做出合理解释等，综合以上考量因素对案涉基础债权关系的真实性做出最终判断。

非金业务除合规风险、法律风险之外，还有以下业务风险：

（1）债权确权难度较高

尽职调查中收购债权的真实性、洁净性和有效性的确定较难，无论是应收账款还是往来账款，确权难度均较高。首先是标的债权的合法有效性问题，在非金业务中，如往来款债权收购，因发生频繁、时间较长，不良往来款余额往往是一段周期内的累计数额，较难做到借款凭证与不良往来款余额一一对应；其次是标的债权的真实性问题，例如为达到融资目的而与债权人故意制造虚假债权或合同签署后未履行而导致的非实质债权；最后，标的债权涉及关联企业间的交易笔数较多的、原债权人与债务人之间交易活动比较频繁的，还要综合对确权资料进行分析，排除因关联关系、交易频繁等因素导致的债权已实际清偿、余额不确定，甚至虚构债权的风险。

（2）投向集中度较高

为防控业务集中度风险，《金融资产管理公司开展非金融机构不良资产业务管理办法》规定，非金融机构不良资产在单一行业的资产余额，不得超过非金融机构不良资产总额的 50%。非金融企业不良债权收购、重组、投放阶段集中度过高的房地产，当遭遇行业周期或经济结构调整时，易引发高坏账风险，引发集中度风险。

（3）信息披露不完善

在收购重组交易完成后的投后管理阶段，因非金债权收购重组业务仅对原债权的期限进行了变更，实质上重组后仍是以应付账款、其他应付款等科目显现出来，并不会作为新增短期借款或长期借款在企业报表中明确反映，也不会影响企业征信报告中的银行贷款余额。因此，非金债权收购重组业务信息披露的不完善，存在利用同笔债权或同一交易背景重复融资的隐患。

（4）市场风险

我国企业，尤其是民营企业中普遍存在相互担保、相互关联、相互持股的现象，部分地区、部分行业“三角债”问题长期存在，部分企业出现借助重组合并、分割、破产逃债或转移压价出售资产，逃避还债义务的情况，加大了部分机构参与非金业务时确保债权安全的难度。

4.不良资产经营机构非金业务的不足与挑战

非金业务模式有待拓宽，资产结构亟待优化。当前不良资产经营机构对非金业务的内涵和外延的认知理解较为窄浅，资产端主要是收购债权为主，将非金业务模式理解为“类信贷”的简单业务模式，因此业务模式看上去更多表现为债务转移作用，可以解决企业暂时性和流动性的问题，但并不能降低企业的杠杆率，有时候反而因为后期不良资产经营机构收益率、风控等要求推升了企业的融资成本，对于企业的救助更多是财务性投资，业务边界较为狭窄，在企业经营深层次上并未有任何实质影响，难以发挥不良资产经营机构，尤其是资产管理公司综合金融服务平台的功能。

虽然不良资产经营机构资产规模步入新的增长期，但不良资产经营机构对房地产依赖度仍较高，非房拓展能力亟待提升。尤其是非金业务领域，从绝对比例上看，房地产行业几乎占据行业配置比例的50%，行业风险度攀升。特别是近两年来，国家政策强调“房子是用来住的，不是用来炒的”，房地产形势发生较大变化，不良资产经营机构业务模式却仍旧以简单融资为主，房地产并购重组，“合作共建+股权投资”等反映市场新形势特点的操作模式案例较少，也并未形成成熟的业务模式。许多不良资产经营机构借鉴发达国家成熟另类投资机构的模式，地产配置占其资产配置比重的 50%，利润在 50%以上。但应看到，另类投资机构均成立于 20 世纪 80 年代后期，发达国家均完成基础设施领域及工业化完善阶段，其对于房地产的重仓投资也是必然的历史发展阶段，并不能完全参考。另外，不良资产经营机构对非房项目的拓展能力亟待提高。总体看，不良资产经营机构非金业务在房地产行业的参与时间较长，房地产行业的业务经验积累使得房地产项目形成了从调查分析到方案设计一整套较成熟的模式和方法。相对而言，非房项目拓展较少，行业类别上也是基于最初银行划拨不良资产积累形成的特定领域，如煤炭、钢铁等，对于新领域普遍缺乏符合实体经济特点的具体思路和方法，难以照搬房地产行业的方式。目前看，不良资产经营机构行业研究能力偏弱，一线业务人不熟悉非房企业的尽调分析和预测方法，驾驭风险能力低，是非房领域业务推进形成较大压力的直接原因。

同时，非金业务也面临很大的挑战，主要来源包括国内与国际经济、金融环境、监管政策，以及内外部经济环境因素等不确定性攀升。以监管层面为例，监管部门对不良资产经营机构提出了关于非金业务的若干问题，如部分业务具有类信贷性质，偏离了不良资产主业定位；存在通过收购关联企业之间或无真实交易背景的应收账款等方式变相为企业融资问题；存在通过投资有限合伙等方式发放委托贷款的问题。这督促了不良资产经营机构坚守经营合规底线，坚决规避监管风险业务，服从和服务于国家战略，回归本源，聚焦不良资产主业。同时，对不良资产经营机构的非金业务模式、交易方式、融资渠道拓展等提出了更新、更高的要求。

4.3 我国非金融企业不良资产业务的发展机遇及趋势

非金业务受经济增速放慢、去杠杆政策的实施推进、金融市场风险连环暴露及融资等方面所影响。从宏观经济趋势看，应该重点关注以下几方面：

第一，我国经济发展方式由高速增长转向高质量发展，目前正处在转变经济发展方式、优化内部经济结构、转换增长动力的攻关期，经济高速增长向中高速增长转换已是客观事实。从外部需求看，在贸易保护冲击抬头和逆全球化深化的背景下，我国将面临复杂多变的国际关系，以美国为首的发达国家贸易需求存在一定的不确定性。同时，我国国内高污染、高能耗、高消耗的增长方式难以为继，经济增长方式亟须转变。

第二，我国去杠杆步伐加快。2009 年以来，我国经济发展方式体现出明显的债务驱动特征。据测算，截至 2022 年末，地方融资平台债务规模约 65 万亿元，同期政府债务余额约 36.5 万亿元，地方政府隐形债务规模较大。预计部分债务严重的区域和企业会产生较大的风险暴露。同时，伴随着供给侧结构性改革，供给端传统周期行业（如钢铁、水泥、造纸等）在政策施压下，规模小、效率低、环保不达标的企业纷纷停产或关停。

第三，金融市场风险正在加速释放。一方面，金融机构面临的潜在信用风险压力仍然较大，由某知名的银行案例可以看出，部分金融机构通过债务置换、资产腾挪等手段掩盖了大量风险，随着清理并规范影子银行、整顿隐形债务等政策的推进，部分区域和企业积压的债务问题会水落石出，给金融机构资产质量带来一定冲击。另一方面，债券市场爆发违约潮。由于资金面持续偏紧，部分债券发行渠道受阻，无法通过再融资偿还债务，导致债券违约频率上升。2017 年至今，债务违约事件频发，地产、部分中小银行、民营企业债券市场违约潮来临。另外，股票质押爆仓闪崩频发，多家上市公司因股票质押爆发问题陷入流动性困境。

第四，资金市场面持续紧张，融资渠道收窄。在“稳货币、紧信用、严监管”背景下，监管机构审批金融机构融资周期明显延长，金融领域同业借款渠道不断收缩，尤其是非银行金融机构融资渠道快速萎缩，同时银行通过错配方式投资中长期投资产品的动力削弱，不利于非银行金融机构对接长期资金来源。

可以看出，非金业务开展的主要机会来源于供给侧结构性改革下实体企业去杠杆、金融市场释放风险，以及问题企业和问题资产重组等。

首先，在供给侧结构性改革下，实体行业内部和企业内外部都面临着降低债务、重组整合的机遇。从非金融企业看，解决其债务问题是此轮供给侧结构性改革的核心问题。对任何一个企业而言，若不解决债务问题，企业的生产要素就会被债权等要素固化限制，不能实现流转，最终形成“僵尸企业”；还有些企业仅有部分债务因暂时困难而无法按时偿还，事件很容易由此蔓延，扩大至其他债务，遭遇债权人提前抽贷，使正常经营企业陷入流动性危机。传统收购重组类业务（即附条件重组）以企业间债务为切入点，以债务转移（如重新修订还款期限、利率等）、债务重组等方式，帮助企业加快应收账款流转，调整债务杠杆，为企业提供流动性支持，纾解企业间的债权债务关系，成为解决企业间债务问题的“利器”和纾解短期流动性的独特金融工具。

其次，金融市场去杠杆机会。近年来，金融市场如债券、股票市场大扩容，金融创新工具层出不穷。对于非金融企业而言，其发行的债券为信用债，2015年以后，由于公司债相关管理办法的调整，为企业融资提升效率，之后信用债发行规模大幅提升，2023 年信用债发行同比增长 4.77%，规模高达 17.5 万亿元。相比银行贷款形式，信用债融资成本更具市场化，近年从 3%左右上升为5%～6%，对信用债融资需求旺盛的企业主要分布在房地产、工业及金融领域。相比于银行贷款而言，信用债不具备刚兑特征，截至 2023 年 12 月，信用债呈现频繁违约现象，违约本息总规模高达 6713 亿元，信用债违约率 1.13%左右。违约行为主要集中在民企及上市公司，分布行业较广，违约形式多样化，包括未能按时兑付等。从企业违约成因上可以看出其日常现金流较差，经营资金主要依赖于对非标和债券等再融资手段。

除债券市场违约潮爆发外，股权质押爆仓也层出不穷。从 2014 年以来，股权质押融资市场发展迅猛，2016 年之后，场内股权质押融资规模超过场外股权质押融资规模。截至 2023 年 12 月，A 股股权质押公司总计 2443 家，质押总比例 3.92%，质押总市值高达 2.84 万亿元；5220 笔重要股东质押比例已达平仓线，占比达到 24.07%，43 家受股权质押的证券公司中，42 家持有的质押股权均达到平仓线。股权质押融资的发展给企业扩张经营带来积极的影响，但仍存在一定的问题，如资金使用不规范、偏离服务实体经济本源，融入方的信用调查不力，质押比例过高、流动性缺失，单票集中度过高，大股东质押比例过高等。2018 年以来，“紧信用”叠加股市下跌，股权质押风险真正暴露，上市公司大股东频繁出现股票质押融资危机。当上市公司处于估值较高阶段时，会广泛被证券公司、银行等当作无风险业务大规模集中开展融资，质押时间集中造成处置时间集中，风控和处置手段有限且单一，这也进一步成为股票质押危机的重要原因[118]。

最后，问题企业和问题资产重点市场。据不完全测算，2023 年 1 月至 10 月，全国 10 个省市规模以上的工业企业亏损规模总计 7838 亿元。企业盈利状态普遍恶化。同时，根据万得数据统计，超过 10%的上市公司自身的经营收益难以完全覆盖公司经营的日常利息支出，财务风险问题明显暴露。面对宏观经济形势的变化及市场出现的机会，调整非金业务是不良资产经营机构适应市场变动及内部转型的需求。从过往来看，非金业务是不良资产经营机构获取固定收益，实现稳定收入来源及扩大经营规模的重要方式，今后以非金融企业不良资产收购为切入点，运用综合化手段操作不良资产也将是不良资产经营机构稳健扩大固定收益规模、谋取超额收益增长的重要方式。非金业务的定位是以企业间真实、有效发生的不良资产（包括债券、股权、物权等）为切入点，服务于企业资源整合和重组，综合各类金融工具和手段，为客户提供量身定制的“重组+”综合金融解决方案。相对于银行信贷产品具备“锦上添花”的特点，非金业务更突出“雪中送炭”的优势。与其他金融机构的差异化，是非金业务的立足之本，这一定位又有对外和对内两层内涵：对外，非金业务围绕企业“重组”的需要，整合梳理企业债权债务关系，为企业资本流动性提供支持，为企业资源要素重组提供专业的金融工具和手段组合，帮助企业优化资源配置，提升效率；对内，非金融不良资产业务围绕客户需求，发挥协同带动作用，成为各业务产品协同的纽带和平台，是不良资产经营机构实现“大协同”的基础。

1.加大非金融企业不良资产配置规模，突出主业

中央金融工作会议要求金融机构“不断满足经济社会发展和人民群众日益增长的金融需求”，监管部门出台一系列政策，强调不良资产经营机构回归主业，继续加大不良资产收购处置力度，监管部门要求不良资产经营机构不良资产业务配置不低于 50%，逐步提高不良资产业务余额在母公司总资产中的占比。非金业务是不良资产主业的重要组成部分，是践行“服务实体经济”核心要义的重要抓手，特别是可以主动进行客户选择和资产配置的业务，继续增加资产规模并实现又好又快发展是当下顺势而为的战略选择。非金融企业不良资产规模和质量对探索转型具有十分重要的意义，不仅能夯实生存基础，也可留出发展空间。

2.强监管、严调控，非金业务转型迫在眉睫

2017 年以来，金融监管态势和资本市场形势都发生了巨大变化，监管部门对非金融企业不良资产收购标的资产方式和盈利方式实施严厉监管。从监管政策来看，“严监管、强监督、真问责”的趋势更为凸显，加上非金融企业不良资产的重头领域（如房地产）市场调控持续升级，种种形势直指当前非金业务的“软肋”，以收购处置为主的非金业务转型已迫在眉睫。从市场规模上看，附条件业务仅占非金融不良资产业务的小部分，因此在当前国家严监管及附条件重组业务增速放缓的背景下，应围绕不良资产经营机构战略发展，聚焦主业发展，回归本源，尽快解放思想，跳出对非金业务的惯性思维和路径依赖，加快探索非金业务。

3.完整认识问题机构业务内涵，挖掘新生业务的全部空间

不良资产经营机构的问题机构业务经过不断探索实践，已在很多方面取得了一定成效。总结项目经验，借鉴同业成功案例，对比国际通行做法，可以为问题机构业务的开展设计一套全新模式，推动业务模式创新，有效促进集团主业实现在“大不良”的范畴下挖掘问题企业和问题资产的机会。

我国经济进入新常态后，企业破产需求越来越多，但受限于体制、法律、费用等问题，很多企业很难实现破产。尤其是进入供给侧结构性改革以来，依法依规推动落后产能退出，“僵尸企业”清出，市场空间不断增大。近年来，我国企业破产案件不断增加。由于各种原因无法或无力提出破产的企业数量更加庞大，市场空间规模空前。目前国家决定抓住处置“僵尸企业”的“牛鼻子”，在宏观政策上更加重视企业市场退出的问题，加强市场法治建设，处置“僵尸企业”，中华人民共和国最高人民法院和银监会也希望不良资产经营机构积极参与。现在看来，这是问题机构业务中不可或缺的一项业务，市场空间乐观。

同时，在当前经济结构调整，企业动能转换的过程中，很多问题企业效率低下，资源需要重新配置，以恢复和提升其生存价值，促进转型升级，重塑经济单元，培育新的发展动能。尤其是一些规模庞大，对地方经济影响大，行业内集中度高的企业，一旦出现问题，企业自身和中小投资者无力整合，需要一些规模大、能力强、具有投行经验的大型专业机构积极参与，才能完成重组任务。目前银行、证券等其他机构还不具备这样全面的功能，不良资产经营机构可以立足于不良资产职能，扩大社会服务能力。目前，外部条件越来越有利，结构调整的力度越来越大，不仅钢铁、煤炭、重型装备、火电等产业需要整合，而且船舶、高端制造、新型材料、信息网络等产业也需要调整集中度，不良资产经营机构可以问题资产整合为突破口，深入企业重组中。

在众多的问题企业之中，还存在大量差异程度不同的问题。比如，一些企业受到经济周期影响，投资进入关键阶段，一时经营失误而产生流动性不足；或者运营能力不足，多元化经营失败，部分产品技术已经被市场淘汰，产业进

入夕阳阶段而出现大量问题资产。这些问题造成企业经营不善，而企业自身又无力解决，或解决不好，不良资产经营机构可以发挥自身专业特长，运用重组、重整、财务救助等综合手段，调动更广泛的社会资源，对企业实施救助，加大拓展问题机构业务的市场空间。

4.4 小结

资产管理公司商业化转型后，通过探索企业间不良资产的处置运作模式，形成了当前两大规模成熟、可实现固定收益的不良资产业务模式，一是对金融机构的传统不良资产收购业务，帮助银行金融不良资产出表（即银行的资产负债表中，贷款资产减少，同时货币资产增加）；二是收购处置类业务，主要为企业打折和展期存量债务。但发展至今，不良资产经营机构的业务模式已无法适应当前不良资产市场变化趋势，业务模式上更显得狭窄。固定收益是面对经济单元的单业务条线业务模式，其他的投资和资管业务则主要是以不良资产的概念，提供通道业务，并没有增添新的业务。目前看，传统不良资产业务收益贡献度较低，且面临银行内部资产保全的竞争，收购重组业务模式的发展遭遇瓶颈，但非金融企业不良资产规模仍很大，因此创新非金业务模式是不良资产经营机构实现可持续发展的重点。

中央经济工作会议强调，要打好防范化解重大风险攻坚战，防范化解金融风险，这给予不良资产经营机构更广阔的市场空间，如在清除“僵尸企业”，新旧动能转换，结构性去杠杆方面有很大的机会。捕捉新增的非金业务机会，在于打破收购处置模式单一的局面，不停留在简单的“买卖债权”、“债务整合”、浮于企业财务报表层面的财务重组等浅层次的经营思路，而是突出经营不良资产的思路，下沉到企业和市场中去，通过深度发挥资产配置的能力，实现救活或者再造企业，化解金融风险，实现不良资产价值最大化。

第5章 资产收购重组模式

从资产管理公司披露的年报看，其在非金业务分类上侧重于收购重组类，而四大资产管理公司的收购重组类非金业务基本以附条件重组业务模式为主，旨在解决企业短暂流动性问题，方式为收购标的企业对外的债务，通常是集团内部及“兄弟单位”的往来款项，并与标的企业协商修改债务合同中的利息、还款期限等具体条件，实现债务重组。从已开展的附条件重组业务看，其实际操作中债权来源的真实性备受质疑，由于资金成本走高、房地产持续调控等影响，此类债务重组赚取利差的模式不可持续。尽管附条件重组业务模式存在一定的问题，但是其仍值得进一步深化。首先，附条件重组业务模式基于企业间的真实债务，其能有效解决企业短期流动性问题，隔离商业风险与金融风险。其次，附条件重组业务模式基于企业间债权，对于标的企业而言，不良资产经营机构的债权清偿权优于股权，如果这类债权能获取标的企业较好的抵押物，该债权安全性将高于一般债权，具备足够的安全垫。最后，附条件重组业务模式的盈利模式为固定收益方式，不良资产经营机构在特定的时期内利用好庞大的应收账款市场、持续做大规模成为不良资产经营机构收入和利润的基本盘。以往附条件重组业务模式能实现固定收益规模化的主要基础，在于如下几点：一是寻找到市场认可的抵押品价值高的行业，抵押品呈现流动性高、价值核算清晰、市场规模大等特点；二是项目能提供可预测、稳定的未来现金流；三是行业内企业资金需求过旺、周期性明显；四是受政策、大宗市场等多重影响。因此，在充分借鉴附条件重组业务模式经验的基础上，本章深化此模式并探讨非金融企业资产收购重组模式。

5.1 资产收购重组相关概念

从定义上看，非金融企业收购重组类业务通常将资产来源认定为企业间不良债权，主要原因有两个：一是相较于股权类及实物类不良资产，债权类不良资产的认定及评估较为简单；二是解决非金业务的根本途径在于调整企业短暂的流动性，而不良债务正是流动性出现问题的直接产物。

本章采用《管理办法》中的定义，贯穿流动性问题来分析非金融企业不良资产（包括企业间债务，如来往款项、低效或非核心资产股权）和陷入经营困境的不动产（包括住宅和商业地产等，如股权、债权和物业）。

从模式上看，以附条件重组模式为主的非金业务模式，属于债务重组的范畴，而债务重组在实务层面操作较多，主要有如下六类重组手段：

（1）债务转移

指负债企业将其对债权人的负债转给第三方承担的行为。负债企业的债务转移，对于债权人来讲就是一种债券转让。上述第三方一般是负债企业的关联企业或者有意对负债企业进行重组的其他企业。该第三方愿意出资购买债权，并由其承接对负债企业的债权。作为购买债权的对价，第三方可以现金、实物、有价证券或其他财产权利向债权人支付。

（2）债务抵销

指双方当事人就相互之间的债务，按对等数额使其相互消灭的行为。如果双方的债务数额不相等，对尚未抵销的剩余债务，债务人仍有清偿的义务。

（3）债务豁免

债务豁免又称债务免除，是指债权人抛弃债权而免除债务人偿还义务的行为。在债务重组实践中，资金雄厚的关联企业或债务重组行动的发起方通常会采取先购买债权人对负债企业的债权，再予以豁免的操作方法。

（4）以非现金资产清偿债务

若负债企业无法以货币资金支付有关债务，可以与债权人协商以非现金资产清偿债务。实践中，处于债务困境的企业往往存在非运营资产，如果能将这部分资产剥离出来，并用于抵偿债务，则可以在实现财务结构调整的同时做出经营结构的调整。用于偿债的非现金资产既可以是存货、固定资产等实物资产，也可以是知识产权、债权、股权、资产使用权等财产权利。

（5）融资减债

指通过增资扩股、发行股票或债券等融资方式筹集资金还债。首先，负债企业可以通过吸收新股东（包括风险投资商和跨国投资银行）加入并扩大股本的方式融资还债。主要体现为吸收外资参股，向社会公开发行股票、筹集资金，发行境内债券或境外国际债券融资还债。

（6）修改其他债务条件

企业间的债务一般都是根据合同产生的，而合同是当事人协商一致的结果，当一方因故不能履行合同约定的偿还债务的条款时，可与对方协商变更合同，修改其他债务条件。主要包括减免原债务的部分利息、修改利率、延长债务偿还期限、延长债务偿还期限并加收利息、延长债务偿还期限并减少债务本金或债务利息等。

从债务重组的分类手段中可以看出，附条件重组模式是“债务转移+修改债务条件”，并以非现金资产清偿债务的手段实现风控。

从非金融企业资产收购重组业务的资产来源看，标的公司不良资产收购重组，并不获取标的公司资产负债表的全部内容，相较于问题资产问题企业救助的模式，操作难度更小，收益保障性更强。

当前不良资产经营机构附条件重组业务，属于被动性投资策略，即判定标的企业质量尚好，未来盈利可预期，仅因为产业周期、短期经营问题、银行信贷政策发生短期变化等导致企业出现暂时流动性压力，部分存量债务出现逾期并短期内难以偿还，不良资产经营机构通过打折收购标的企业债权，修改债务偿还条件，被动依靠企业未来现金流恢复偿还债务的方式。从监管上看，应关注收购重组类业务债务的真实、有效、洁净；从不良资产经营机构业务发展考虑，非金业务必须盈利稳定、风险可控。因此，附条件重组业务的核心就是不良资产符合监管要求、盈利确定性强、抵押品牢靠，而这也是收购重组业务的核心。同时，由于收购重组业务本质上是被动性投资策略获取固定收益的模式，因此对于行业及机会的选择尤为重要，本书将结合不良资产经营机构成熟的收购重组模式展开探讨。

5.2 基础设施类资产收购重组模式

房地产是实物类资产的重要板块，非金融企业实物类不良资产主要指有形资产的投资，包括地产类如写字楼、酒店、零售物业、工业地产等，以及基础设施类如管道、风电场、炼油厂、机场、公路交通等。从国外的案例看，其实物类不良资产重组业务已经较为成熟，其中最重要的策略为地产投资策略[119-120]。除此以外，海外特殊资产基金还设立了其他实物资产的投资策略，主要针对电力、自然资源、可再生能源，以及基础设施等领域中上游资产进行收购或成长型投资，并与相关行业的专业投资机构合作。对比国外，国内直接参与实物类不良资产重组的经营机构较少，更多的是通过债务重组形式参与解决房企流动性问题。

国外的房地产投资是在经济周期底部或特定机遇下，通过剥离非金融企业的商业、办公等问题房地产资产，引入专业的房地产开发机构管理运作标的资产，实现标的资产价值修复。国内房地产领域开展的业务量也占据其从已成熟的不良资产经营机构收购重组业务（即附条件重组模式）的绝大多数。以国外成熟的不良资产为参考，房地产领域的不良资产机会挖掘是不良资产市场的重头。从房地产市场看，我国房地产增量市场向存量市场转变是大势所趋，土地出让方式由协议式转变为招拍挂式，开发房地产的方式和机会逐渐减少，利润也在摊薄，房地产机会将最终走到以存量物业交易为主的时期，挖掘空置的商业物业及亟待改造的废弃工地。同时，从我国非金融企业发展历史看，由于其长期保持以商用地产、工业地产、住宅作为抵押品实现银行融资的发展方式，而地方政府扶持经济的主要方式是向支持当地经济发展的实体企业出让低成本土地，因此可以看出，未来挖掘房地产领域的机会，除了大型房企，也在于非金融企业。

因此，考虑到房地产仍具备一定的获利空间，并拥有良好的抵押品保障，当下不良资产经营机构对于已成熟的附条件重组模式继续开展业务，需实施优化，即重点解决两个问题：降低单一的直接对房企收购重组的业务量的比重，满足监管部门的要求；在实现高周转的同时，降低拿地成本，提升底部保障收益，更好地与产业投资者合作。

基于这两点可以看出，拉动当地 GDP 的企业大户或是公共基础设施建设企业可以获取相比招拍挂出让价格更低的土地，是增量房地产领域收购重组的主要客户群。背后的保障措施通常是其集团下属的地产开发项目，其拿地价格极低，即便发生重组债务违约，抵押土地使用权或再开发都存在巨大的获利，此种模式在一定程度上响应了国家支持实体企业发展的号召，但存在一定的风险，长期依赖廉价地方资源的实体企业最终都难以将主营业务做强，这可能导致项目终极风险只能依靠土地变现，企业本身增信等措施难以实施。在此思路下，考虑当前城市群建设及地方基础设施开发等方式，本节以建立开发基础设施为基石，以地产的泛地产收购重组模式为保障措施展开探讨。

从增量看，当前我国正步入城市化后进程时代，城市基础设施领域如环保、城际铁路、公路等投资需求巨大。据测算，中国 2020 年城镇化率达到 60%，城镇化投资需求高达 42 万亿元，其中每年基础设施新增投资 20 万亿元。我国三大城市群内部城市间发展差距巨大，城市群内部的互联互通需要建设大量的基础设施，而这些基础设施的建设资金，除去中央财政及地方拨款外，缺口仍然巨大，加上地方政府的债务和预算约束机制趋严，其正常融资规模有限，资金不足，因此地方政府在建设基础设施时，会通过搭配低成本土地开发实现其基础设施建设如期完成。同时，从当前以政府和社会资本合作（Public-Private Partnership，简称 PPP）模式参与地方基础设施（如环保等领域）的企业看，其普遍债务负担过重，更有甚者频繁曝出财务问题。因此，不良资产经营机构可以充分发挥央企的职能，与当地政府等国有机构沟通，与专业化的团队共同设计灵活的退出机制。

从存量基础设施看，面对我国经济增长内生动力不强、需求仍不足等形势，通过加大存量资产，盘活回收资金，也是解决有效投资不足的重要方式。根据国务院办公厅印发的《关于进一步盘活存量资产扩大有效投资的意见》中的要求，存量资产重点领域主要分为三类：一是存量规模较大、当前收益较好或增长潜力较大的基础设施项目资产，包括交通、水利、清洁能源、保障性租赁住房、市政设施、生态环保、产业园区、仓储物流、旅游、新型基础设施等。二是存量和改扩建有机结合的项目资产，包括综合交通枢纽改造、工业企业退城进园等。三是长期闲置但具有较大开发利用价值的项目资产，包括老旧厂房、文化体育场馆和闲置土地等，以及国有企业开办的酒店、餐饮、疗养院等非主业资产。存量资产重点区域包括但不限于某些建设任务重、投资需求强、存量规模大、资产质量好的地区，或地方政府债务率较高、财政收支平衡压力较大的地区。存量资产重点企业包括但不限于某些基础设施存量资产多、建设任务重、负债率较高的国有企业。

我国存量基础设施资产盘活潜在规模巨大。据不完全统计，我国基础设施存量资产超 380 万亿元，其中约 35%属于经营性收入的基础设施资产，合计约 120 万亿元。若按每年盘活 5%计算，将直接变现超 5 万亿元。

基础设施类资产收购重组模式的不良资产切入点可以是基础设施承建商的对外债务，也可以是城投公司对外出现的逾期经营性债务。不良资产经营机构可以与标的企业签订债务重组协定，也可以通过对当地城市建设公司实施债转股解决资本金额不足等问题，并将资金投向其新建项目，约定项目逐步建成后将引入银行长期贷款，置换不良资产经营机构的资金。基础设施类收购重组模式与当前附条件重组模式类似，而对于单个项目而言，其尚未开工建设，很难形成不良债权，因此其对于项目的最初切入方式之一是先对区域内优质的基建公司实施债权股，然后采用关联借款的方式，对拟定的项目定向实施收购重组业务。如图 5-1 所示。

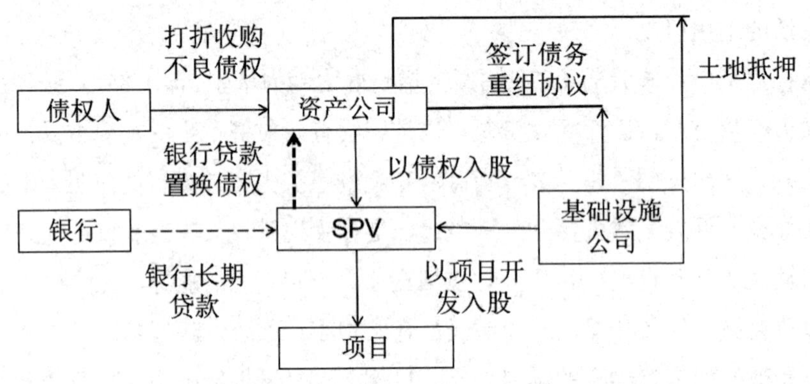

图 5-1 基础设施类收购重组模式

通常公路及城际铁路等基础设施的建设周期为 2～3 年，与传统附条件收购重组的时间基本相符，其前期还款来源除了银行长期贷款置换外，也包括其土地开发的收益，因此风险可控，收益也稳定。银行中长期贷款置换可以加强不良资产经营机构集团内部子公司银行业务的拓展，实现单个项目收益的留存。

本节仅简单探讨收购重组模式，而在实务操作中，基础设施收购重组后续还会通过与基础设施的实际所有权主体（如地方国有企业或运营公司）开展协议转让、无偿划转、资产置换、联合整合等，进一步挖掘存量基础设施价值并与国有企业市场化改革同步运作，盘存量与促增量有机结合，争取实现价值最大化。尽管该收购重组模式潜在空间巨大，但是仍存在一定的风险，即在与地方政府商业往来中，不良资产经营机构话语权仍较弱，风控手段单一，最终依靠地方政府“信用兜底”。

在地方政府基础设施收购重组业务实际开展中，存在与地方政府博弈议价不利的局面，且在地方政府债务风险持续的形势下，“政府信用”和“城投信仰”都面临破灭，尽管存在有关商业协议约束，但最终可能转变为集体降低收益率，本金和利息长期沉淀，即“本息难以收回”的局面。以某发债“网红城市”为例，截至 2022 年 6 月末，该市城投公司（以下简称城投公司）有息债务规模为 458.58 亿元，且部分债务已出现逾期，面临较大集中偿付压力；同期公司对外担保金额为 151.46 亿元，部分被担保债务已经出现诉讼纠纷，面临担保代偿风险。在当地政府协调下，城投公司与各家金融机构就 155.94 亿元银行贷款重组达成一致，将银行贷款展期 20 年，前 10 年不还本、只付息，后 10 年逐步还本，同步利率也由 4%～7%降至约 3%。城投公司债务展期的核心内容是以时间换空间，延长债务期限，减免债务本息。该项目中金融机构项目将亏损严重。

5.3 受托金融资产收购重组模式

非金融不良资产包括金融机构作为中间人受托管理其他法人或自然人财产所形成的不良资产，如集合计划等资管产品。本节重点围绕上市公司形成的资管产品、信托计划等阐述受托金融资产收购重组模式。

5.3.1 资管产品收购重组模式

近年来由于二级市场系统性调整，资管产品形成的不良资产初具规模，投资机遇增多。充分对标的企业尽调后，选择基本面尚好、发展前景较好的企业承接其有关的资管产品，可拓展不良资产经营机构的利润来源。

由于过去一段时间内国内货币政策较为宽松，上市公司资金面充裕，出现了一波多元化并购浪潮，在二级市场估值单边上涨期间实施外延式并购。在近年我国金融去杠杆、严监管、经济发展放缓及外部经济形势不确定性增加的宏观环境下，二级市场不断挤出估值泡沫，部分上市公司股价系统性下跌，市值严重缩水。有些上市公司通过市值管理模式，不断提升估值并购或基于远期收益的承诺对赌。一旦对赌失败，上市公司就会面临商誉大幅减值，企业利润缩水并出现“黑天鹅”事件，相应股价连续跌停，市值大幅缩水，企业发生连锁流动性问题等危机，严重影响企业正常经营。

就目前陷入困境的上市企业而言，用于纾困的标的主要是平仓风险的质押股权、到期未偿付债券。从已有案例看，围绕上市公司股权解除质押风险的情况较多。从市场主体看，通常是上市公司大股东或者实控人，股权质押对象通常为券商、信托等金融机构。目前解除其质押股权风险的方式，主要有债权、股权及股债结合的模式。债权纾困主要有两种方式，第一种方式表现为发行纾困专项债或为质押企业债券提供增信工具（如信用风险缓释工具、再担保等），参与主体包括信托、证券和地方国资平台。第二种方式为贷款“转质押”模式，即金融机构以债权的方式为标的企业融资，标的企业获取现金后购回原质押股权，并质押于金融，由于质押的平仓线按照新股价折算，因此标的企业股票风险暂时解除，仅有金融保留债权的利息支出。这两种操作方式本质上都是债务置换模式，其保底措施分为两类：一是上市公司本身经营状况良好，未来现金流充沛，仅仅因当前流动性问题出现平仓风险，可以企业现金流为还款来源；二是有实力雄厚、现金流充沛的第三方保障，并承诺回购股权。

对于处在系统性风险下跌状态的上市公司而言，需要解除大股东或者实控人（还包括以资产产品参与定增计划的社会资本或自然人）的质押股权风险。从上市公司的定增计划可以看出，劣后级社会资本与优先级银行配比参与上市公司定增计划，优先级银行资本定期获取资管产品划转的收益，劣后级社会资本收益来自禁售期结束后二级市场减持标的公司股票。银行和社会资本磋商确定增加某个区间的价格作为平仓价格，当二级市场标的企业股票价格下跌接近平仓价格时，银行有权在禁售期结束后卖出定增信托计划的全部份额。如图

5-2 所示。

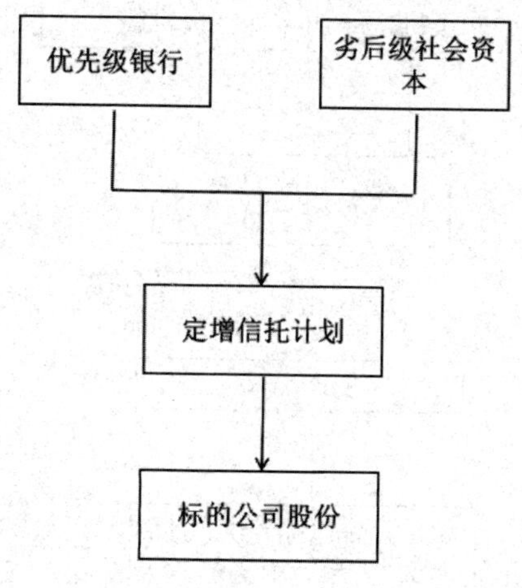

图 5-2 资管产品定增上市公司结构

受当前资管实质性落地、银行剥离表内资产期限临近，二级市场波动较大等原因影响，个股频繁爆仓，这两年大部分资管产品都面临爆仓止损，银行对这类资管产品有止损清仓的意愿。同时，目前社会资本融资陷入困境，如有些定增计划已连续补仓，并逾期向银行付息。在这种情形下，一旦银行卖出信托计划的份额，减持二级市场股票，其劣后级社会资本不仅将损失全部本金，也会彻底失去二级市场减持股票实现超额收益的目标，投资人也难以兑付。

因此，出于解决劣后级资本流动性短暂的目的，化解其平仓风险。不良资产经营机构以现金收购接近平仓线的信托计划份额，认定为非金融企业不良资产之后，不良资产经营机构与第三方（通常为原社会资本推荐）搭建信托计划，并通过重新确定平仓线、付息方式、风控措施等成为优先级资本，第三方为劣后级资本。第三方以其优质资产为不良资产经营机构兜底。如图 5-3 所示。

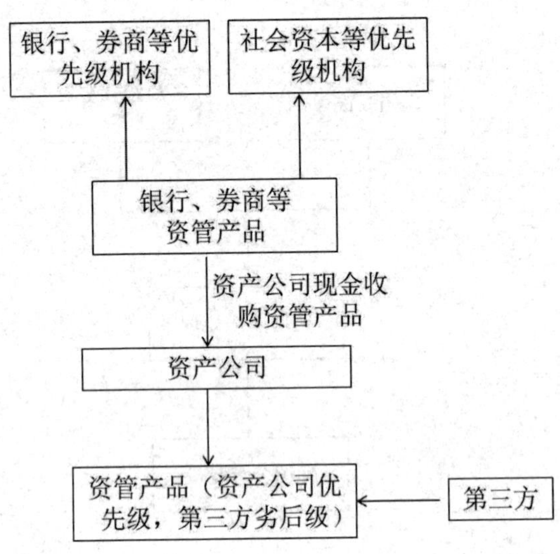

图 5-3 资管产品收购重组模式

从形式上看，承接资管产品收益权实现固定收益的方式与附条件重组模式类似，都属于债务置换。由于资管产品收购重组模式选择实力雄厚的第三方为劣后级资本，未来还款收益可预期，同时资管产品的底层为上市公司股票，通常完成资管产品承接后会超过锁定期，因此流动性更高，重新设定平仓线后，股价较之前更低，估值也更合理安全。

从收益上看，不良资产经营机构既可以选择定期收息的固定收益类方式，也可以选择“固定收益+浮动收益”的方式，与劣后级资本分享后期二级市场减持股票的超额收益。

5.3.2 信托产品收购重组模式

近年，部分信托公司相继出现了信托到期后未能按照信托合同约定时间兑付本息或延期兑付的情况。不良资产经营机构收购信托公司不良资产并参与信托风险资产化解，既符合当前市场需求，也符合银保监会《关于推进信托公司与专业机构合作处置风险资产的通知》和《关于引导金融资产管理公司聚焦主业积极参与中小金融机构改革化险的指导意见》等文件的精神及要求。信托公司风险化解难点在于信托公司存量资产交易结构和底层资产较为复杂，尤其是房地产的信托资产，往往还涉及“保交楼、保民生”等任务。该类交易的交易结构关键在于为信托公司和项目注入活力、盘活信托公司存量资产的同时提高不良资产处置效率，最大化保障不良资产经营机构收益。

2023 年 3 月，银保监会发布《关于规范信托公司信托业务分类的通知》，其中提到“资产服务信托是指信托公司依据信托法律关系，接受委托人委托，并根据委托人需求为其量身定制财富规划以及代际传承、托管、破产隔离和风险处置等专业信托服务”。资产服务信托是为委托人量身定制的受托服务，不涉及向投资者募集资金；信托公司开展资产服务信托业务，应确保信托目的合法合规，提供具有实质内容的受托服务。该类交易中，可借助服务信托的优势，进行灵活的资产安排和分配安排，可考虑采用“不良收购+设立服务信托处置”的交易方式。交易模式与步骤如下：

首先，由信托公司先行设立服务信托，将劣后资产以账面净值注入服务信托，该类资产的现金流作为处置回款的补充，确保资产管理公司顺利回款，对不良资产经营机构投资起到安全垫的作用。在该环节，信托公司代表劣后资产签署服务信托协议，注入的劣后资产为信托公司信托计划持有的债权资产、股权资产、有限合伙份额等。

其次，不良资产经营机构成立特殊目的实体（Special Purpose Vehicle，简称 SPV），与服务信托签署信托文件，完成对信托公司风险资产的收购。在该环节，不良资产经营机构作为有限合伙人（Limidet Partner，简称 LP），其关联公司作为一般合伙人（General Partner，简称 GP），二者成立 SPV，以 SPV 为主体参与风险资产（标的资产）竞价。竞价成功后，SPV 与信托公司签署资产转让协议受让标的资产（如原信托计划持有的 LP 份额、持有的标的债权资产等），完成资产收购。

最后，在完成标的资产收购后，不良资产经营机构与SPV将收购的标的资产注入服务信托，由信托公司处置或约定由信托公司与不良资产经营机构共同处置，处置回款按约定方式分配。

该交易模式的核心在于设立专项服务信托，通过注入收购标的资产与劣后资产、资产处置及信托分配方案设置等方式，实现不良资产经营机构收益保障的结构化安排。专项服务信托内容主要包括以下几个要点：

1.功能与目的

专项服务信托的功能及目的主要在于两点：第一，归集标的资产和劣后资产，一般为信托公司持有的信托资产和资产管理公司、SPV收购标的资产，包括但不限于信托受益权、底层信托资产（股权、债权、合伙企业LP份额等），各委托人将风险资产交付受托人。第二，服务信托的受托人通过市场化方式为风险资产处置提供受托服务，最终以向债权人偿债为信托目的。

2.基本要素

设立专项服务信托应结合项目情况，明确信托规模、信托期限、信托分期、信托财产、信托服务内容等要素。其中，信托规模、信托期限、信托分期应与项目处置周期及预期、总规模、风险化解进程相对应；信托财产即SPV注入服务信托的已收购标的资产，以及信托公司注入的劣后资产；信托服务则主要为风险资产处置服务，包含一般不良资产清收内容，如保管、处置财产，维护诉讼时效及担保权利，在管理中向委托人提供信息披露，按照信托合同进行清算分配，实现委托人收益等。

3.分配方案

在信托合同的信托分配方案中，可分别在标的资产处置回款、劣后资产处置回款中体现SPV和信托公司分配顺序，从分配的先后顺序和劣后资产回款处置分配安排两方面入手，强化对资产管理公司本金及收益保障。一般而言，分配顺序如下：

①先行支付服务信托层面信托资产的税费；

②支付信托财产相关费用（项目处置过程中必要的费用，如评估及审计费用、尽调费用、法拍费用、诉讼费用等）；

③向 SPV 分配相应信托利益，直至 SPV 取得其持有的全部信托财产份额对应的信托本金及门槛收益；

④向其他委托人分配信托本金及浮动收益。

在操作实践中，为保障及时回现，可约定具体分配条件，满足分配条件即进行信托财产分配。由于各风险资产信托计划普遍结构复杂、金额较大，因此除 SPV 外，可能还涉及其他收购主体分别竞价，也可能在收购前先行在信托公司信托计划层面进行债务重组、份额转让、原状分配等，致使出现多个收购主体（如不良资产经营机构、其他 SPV）。这类收购主体同步签署服务信托协议，成为服务信托委托人、受益人，分配方案中可根据对应资产情况灵活安排分配顺序。在这一交易结构化安排中，为保障投资方的收益，信托公司作为受益人，分配次序一般在劣后资产风险处置之后，即标的资产处置分配主要保障不良资产经营机构收益，劣后资产处置分配先行考虑满足不良资产经营机构本金及收益后，再向信托公司分配。当然，如在服务信托期限届满前，SPV 已实现本金及收益回收，则不良资产经营机构自动退出服务信托。

4.决策机制

因受托人为信托公司，为保障投资人利益，应由全体委托人组成委托人大会，对信托设立及管理过程中涉及的重大事项表决。可在信托合同中约定，重大事项需委托人一致同意后方可执行，并对于重大事项进行详细约定，如提前终止信托或延长信托期限、改变受托人或报酬标准、改变信托财产内容、受托人超权限处置信托财产或调整信托利益分配方案等。

5.其他

（1）受托人对信托资产的处置权限

受托人应当基于信托目的处置资产，为限制受托人恰当履行受托职责，可对不同类别资产处置的价格、方式等处置权限进行明确限定，并明确超过权限的决策表决机制。

（2）信托报酬

在以风险化解为目的成立的信托公司本身作为受托人的服务信托中，信托报酬相对较低，仅作为象征性约定。此外，也可约定在服务信托清算时，以向受益人分配后剩余清算财产支付。

（3）对投资人的其他权益保障措施

可根据与信托公司协商的具体情况，确定特定情况下不良资产经营机构的收益保障及退出措施。例如明确在收益未达预期目标情况下的信托资产的分配安排，以及在特定情况下不良资产经营机构的退出路径，避免因受托人为信托公司而使不良资产经营机构陷入被动局面。

不良资产经营机构在交易中需要着重关注以下三点：

第一，资产交付环节。在向服务信托交付风险资产环节中，各委托人应当与信托公司（代表服务信托）签署相应转让协议，如合伙份额转让协议、信托资产交付确认书等，同时应根据风险资产情况恰当地完成资产交付；对交付财产中的债权资产，应完成转让手续，及时通知债务人及担保人。在具体的实践过程中，由于先由SPV与信托公司（代表风险资产）签署资产转让协议，收购风险资产，再由SPV向信托公司（代表服务信托）交付风险资产。为简化交易流程，涉及债权资产标的债权、债权收益权及对应担保权利交付的，应在信托资产交付确认书中对前后两次转让或交付进行衔接与约定，避免权利转让瑕疵与纠纷。

第二，监管措施。鉴于期限较长，可根据注入服务信托的风险资产类别进行投后监管；为监控服务信托资产处置回款情况，可约定不良资产经营机构有权进行账户查询；对于涉房地产项目公司的信托资产，可安排关联公司签署相关监管协议，共同参与章证照共管、资金监管、销售监督等。

第三，劣后资产的结构化安排。由于信托公司底层资产较多，不良资产经营机构与信托公司在资产估值上可能存在分歧，该交易模式通过注入劣后资产为不良资产经营机构回款补充现金流，可有效解决资产估值难题，也可为不良资产经营机构提供足额保障。在交易文件中，需对信托公司、不良资产经营机构代表的两类委托人和收益人予以明确，并对分配顺序进行灵活、合理的设置，督促信托公司完成受托职责。

5.4 二手份额转让基金收购重组模式

二手份额转让基金（Secondary Fund，简称 S 基金），一般是专门投资于私募股权二级市场的基金，即通过受让 LP 或者 GP 的二手份额或投资项目组合，在实现溢价后出售获利的一种基金类型。与传统的私募股权基金的主要差异在于，S 基金是从机构投资者手中收购企业股权或基金份额，交易对方是私募基金管理人或 LP；传统的私募股权基金一般是直接投资于企业股权，交易对方是标的企业。

5.4.1S 基金加速发展

近年来，我国私募股权市场存量资产持续上市，按照私募基金存续期普遍 7 年，最长 10 年推算可知，大量基金已经进入退出中后期，LP 持有的未退出份额持续积累，给 S 基金的快速发展提供了充足的市场空间。

1.存量投资基金退出压力大

（1）大量政府性基金进入退出期

当前，我国私募股权市场以政府资金为主，在“双创”影响下，2014 年开始“遍地开花”的政府引导基金逐步进入退出期，2015 年至 2022 年底，政府引导基金累计认缴规模已超过 7 万亿元，未来两三年内将面临大规模退出。

（2）市场资金退出诉求强烈

随着我国宏观经济增速放缓，很多企业家考虑到股权类资产升值空间或受限，对持有的股权类资产有变现需求。多数企业和个人流动性需求增加，对基金有效退出诉求明显增加，各方 LP 开始主动寻求退出转让新渠道，也迫使股权投资 GP 主动改变退出计划。

（3）其他退出渠道不畅

我国私募股权基金首次公开募股（Initial Public Offering，简称 IPO）退出占据绝对的主导地位，而交易所市场容量有限，整体退出严重滞后，数以万亿计且规模还在膨胀的引导基金很难全部利用交易所市场退出。近期的再融资工具受限从侧面堵住了并购退出的渠道，退出渠道的收紧推动了通过 S 基金进行资产交易的发展。

2.国资基金份额转让需求高

（1）国资基金流动性需求较大

当前我国私募股权市场以国资 LP 为主，其首要目的是招商引资、扶持地方产业发展。相较于盈利，国资基金更专注于资金使用的流动性及循环再投资，对退出时效有着明确的要求，其子基金需在存续期内完成退出，从而将资源和资金引导到更需要支持的领域。然而，目前几乎所有股权投资在运营期结束时都需要延期，政府引导基金的股权投资难以按时退出，导致初始投资策略和子基金的周期出现错配，亟须退出转让以保证财政资金的使用效率。

（2）国资基金盘活存量资产需求日益迫切

国资基金除了招商引资需求外，其自有资金部分也有保值增值的需求。在当前地方政府财政压力加大的背景下，许多国有企业积极寻求转让退出基金份额，以便盘活存量资产，实现国有资产的保值增值。此外，近年来，国务院国有资产监督管理委员会（以下简称国资委）严控非主业投资比例，对金融业务投资进行了限制，导致一些国企和央企聚焦盘活自身的存量资产，其持有的国资基金份额转让需求大幅增加。

（3）国资基金退出难度更大

私募基金期限届满而未成功退出时，通常的后果是转让、延期或进入清算程序。在选择延期时，基金管理人需要召开合伙人会议进行决策，尽管从基金收益角度看，延期是非常理想的选择，但延期决议是较难通过的，这是因为在大多数情况下，财政和国有资金在股权基金中所占比例超过 50%，而国资 LP 面临多方面政策限制，在决策过程中往往选择弃权，即使市场化 LP 同意延期，延期决议也难以通过。因此，国资持有的基金除了等待基金清算外，尚无系统性的退出方案。而当国资基金进入清算程序时，尽管其底层资产不乏优质科创企业，但不能按照折价等市场化程序进行项目退出时，国资 LP 只能采取诉讼等手段维护自身权益，以低价抛售底层资产或迫使被投科创公司回购无法转让的底层资产，对优质被投企业产生严重打击，对国资 LP 造成重大影响。

3. S 基金的广阔前景

我国股权投资行业蓬勃发展，存续基金总规模超 20 万亿元。目前，许多存量股权基金已经临近中后期，退出需求日益旺盛，在 IPO 收紧、其余退出渠道不畅的情况下，S 基金凭借投资期限短、资金回收快、收益率稳定、风险较低等特点，给投资者提供了一个选择合适“上下车”时间的机会。在实现跨越市场经济周期的同时，提升了资产的流动性，得到了基金管理人及投资者的青睐，成为退出的重要渠道。2020 年，S 基金迎来了真正的元年，全年累计交易 267 起，同比增长 38.89%。此后，S 基金交易数量与交易规模屡创新高，2022 年全年累计交易 405 起，覆盖 396 支基金，可获知的交易金额累计高达 1021.45 亿元，近三年复合增长率达 73.25%，国内 S 基金迎来前所未有的机遇。

2020 年 12 月，为积极响应国内私募股权基金二级市场的诉求，促进我国私募股权基金二级市场规范有序发展，为私募股权基金份额流转提供出路，我国证监会先后批复同意在北京股权交易中心和上海区域性股权市场开展股权投资和创业投资份额转让试点，大大提升了 S 基金的关注度，这两个平台的交易量正在快速增长。截至 2022 年底，北京股权交易中心基金份额转让平台运行两年来，累计上线基金份额转让 36 单，上线基金份额 96.88 亿份，共计完成 31 单基金份额转让交易，交易基金份额 40.89 亿份，交易金额 37.07 亿元，份额持有人涵盖多个类型，实现了服务私募基金类型（公司型、合伙型和契约型）的全覆盖。与此同时，多地政府均有意大力发展 S 市场，政策层面推动各地私募股权二级市场发展的步伐不断加快，纷纷出台鼓励 S 基金和 S 市场发展的相应政策。

5.4.2S 基金基本类型

在实践操作中，我国的 S 基金大致可分为以下四类：

1. LP 型交易

LP 型交易模式是最常见的、最传统的 S 基金交易模式。LP 型交易模式也称为基金份额交易，是由 S 基金（买方）收购基金份额持有人 LP（卖方）持有的基金份额，同时新进购买者（买方）将会替代原有 LP（卖方）的一种交易方式。基金份额持有人 LP（卖方）可以根据自身的流动性需求来选择转让全部或者部分的基金份额，转让的份额可以是基金份额持有人已经实际出资的份额或者尚未出资的份额。

通过 LP 型的交易模式，卖方能够提前将基金份额变现，获取资金的流动性，锁定基金的回报率，同时免除对未出资基金份额的出资义务。此外，S 基金收购了卖方的基金份额之后，还能够间接持有不同公司的股权，达到降低基金盲池风险、分散投资风险等目的。

2.直投型交易

直投型交易和 LP 型交易的不同之处在于直投型交易中的 S 基金（买方）购买的不是基金份额，而是卖方（基金）直接持有的一家或者多家公司的股权，表现为部分或者全部股权的转让。在直投型交易完成之后，买方便拥有了标的公司的直接所有权。

因此，在直投型交易下，S 基金可以直接持有标的公司的股权，并依靠自身的专业能力进行管理，无需向第三方支付管理费或者收益分成。此外，买方还可以聘请专门的基金管理人管理资产，来弥补自身管理能力的不足。

3.扩充资本型交易

扩充资本型交易指的是私募基金向 S 基金增资，从而扩大基金规模的一种交易方式。在这种交易方式下，S 基金可以通过增资扩股的方式投资该基金原有的投资组合，并且无需成立一个新的 GP 来管理项目。同时，扩充资本型交易还能帮助解决原 GP 募资问题，扩大基金规模，并为原有的 LP 提供增资的机会。

4.收尾型交易

收尾型交易是指 S 基金购买一只即将到期的私募基金的剩余资产。通过这种交易方式，基金 LP 可以实现全部退出，同时加速锁定基金回报。此外，对原 GP 而言，收尾型交易也能让其更快地释放管理精力，并解决流动性问题。

从策略上看，S 基金的收益主要来自两个方面，一方面是资产折扣的钱，其核心为 S 基金管理机构的议价能力，关键在于卖方转让资产的迫切程度；另一方面是资产增值的钱，其核心为 S 基金管理机构的专业判断能力，关键在于底层资产持续的发展和变现的机会。S 基金管理人首先通过资产价格的折扣获得一个安全垫，再通过资产增值获得超额收益，从而实现利润的最大化。

可以看出，S 基金业务模式与不良资产运作处置逻辑本质一致，都是处置退出不畅的资产。从操作实施路径看，不良资产经营机构参与 S 基金更适合 LP 型交易方式，即通过打折收购原 LP 即将到期或急于套现的 LP 份额，接替原 LP 重新与 GP 和基金所投企业签署投资协议，将收益、期限、风控等条件重新商定后，成为新的基金。

5.5 辅业资产收购重组模式

从企业自身发展规律和宏观市场看，企业实施多元化的发展路线是做大做强的重要路径，企业业务多元化扩张不仅可以使公司增加多项增长点，拓展公司发展空间，实现轮动增长，降低经营成本，也可以防范单一业务因市场爆发“黑天鹅”事件而引起企业系统性经营风险。当经济增速放缓、行业发展空间饱和及企业财务负担加重的时候，企业会产生剥离盘活低效资产和辅业资产，优化企业债务的需求，主要方式包括分拆上市、公司分立、资产剥离、股份回购等[121-123]。对企业而言，非核心业务虽然很有潜力，也符合企业发展的需求，但是相比主营业务来说，它们所得到的关注和资本支持较少，于是这些具有发展潜力的业务被边缘化，并因管理失效、存量债务负担过重或经营不善等问题，导致其资产价值不能得到有效释放或被低估。因此，企业非核心业务转变为非金融企业的不良资产的可能性较大。

当前，有剥离辅业需求的企业主要分为如下两大类：

1.优质龙头企业

优质龙头企业通常指各产业链的“链主”企业，即在整个产业链中占据优势地位、对整个产业链大部分企业的资源和应用具有较强的直接或间接影响力，且肩负提升整个产业链绩效重任的核心企业。具有创新引领和价值溢出、定义产品和创设市场、掌控和整合产业链群、推动行业价值实现和提升等特征。当其经营陷入困境后，亟须聚焦主营业务，剥离非核心、盈利弱的业务，纠正低效的资源配置，提高企业盈利能力，主要办法包括改善资本结构、减少负债、分拆独立上市，以及提高资产单个估值等。

2.国有企业

辅业负担沉重、低效无效资产累积且难处理已成为阻碍国有企业做大做强的严重问题[124-126]，我国持续积极稳妥推进国有企业主副业分离，要求国有企业尽快出清企业内低效或无效资产，提升企业核心竞争力。国有企业辅业的低效或无效资产多由市场化经营不够充分、经营中呆账或坏账激增、投资重复性建设明显等问题形成，尽管国有企业辅业经营不够突出，但国有企业在投资建设经营中，对运营质量的把控具备一定信用度，故而在辅业资产恢复经营后，国有企业仍具备可观的成长空间和盈利空间。

剥离龙头企业及国有企业的辅业资产，可以通过公开竞标或协议转让等方式获取其资产，并通过解决资产项下问题，释放资产价值，实现辅业盘活。从这类辅业资产的选择上来看，主要针对符合国家战略方向、有市场发展前景、可以带来实质性经济利益的市场及企业。要求关注产业协同及规模效应的溢价空间，注重问题资产本身可挖掘的高附加值，提升资产盈利水平。对资产的选择既可以是债权也可以是股权。需剥离的债权主要为主辅业之间的往来债权，账龄较长且已逾期，有些在企业的财务报表上已计提坏账准备；需剥离的股权通常具备规模偏小、经营或财务状况出现异常等特征，股权项下的核心资产可能具有价值，但由于早年有关政策不完备或企业经营治理不完善导致资产存在瑕疵，价值不能得到释放或体现。

股权或债权的收购，通常以债权为主，在已确定辅业投资者或由企业自身盘活处置的情况下，可直接收购企业股权。更合理的方式是原企业母公司仍在一定程度上参与辅业管理处置，可与其设立合伙企业共同收购股权，以此作为专门企业辅业整合平台。建议由原企业充当劣后级企业，在出资比例设计上保证不良资产经营机构资金的充足和安全。

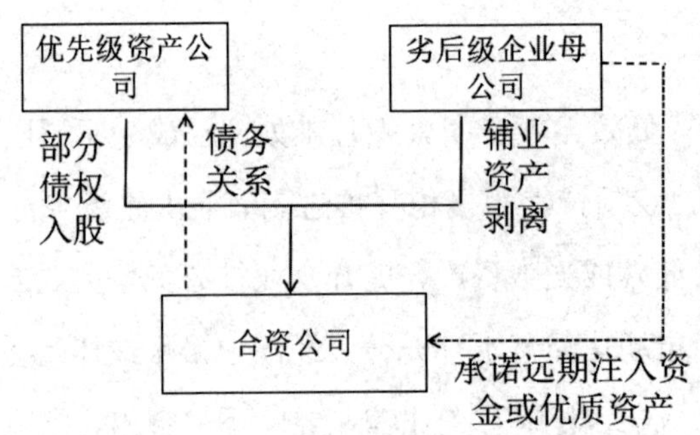

图 5-4 辅业资产收购重组模式

如图 5-4 所示，不良资产经营机构针对收购的全部债权，与企业辅业资产整合投资平台，以该平台作为主要承债主体，不良资产经营机构已进行部分债权转股或者已收购辅业资产入股，由合资平台与不良资产经营机构保持债务关系，同时企业母公司作为劣后级，代偿合资公司对应不良资产经营机构的债务，并承诺向该平台注入不低于一定规模的优质资产或资金，支持平台发展及后续整合。不良资产经营机构在获取固定收益的同时，其持有的股权既可以公开转让给辅业其他股东或产业投资者，也可以享有将平台股权置换为拟上市公司股权的权利，分享辅业整合做精做强后的投资收益。可以看出，这类辅业资产的剥离重点在于清除债务关系，激发辅业资产活力，同时对剥离辅业资产的企业质量有较高要求。

5.6 案例研究

5.6.1ZK 剥离辅业业务模式

ZK 剥离辅业业务模式即“股债不良收购+辅业剥离+分类处置”。ZK 有限公司，是由国资委控股的清洁能源大型中央企业，是我国民用核电领域的龙头企业。2017 年末，ZK 继续保持国内最大核电运营商、全球最大核电建造商，以及全球第三大在运在建核电企业地位。

按国务院办公厅 2016 年 7 月印发的《关于推动中央企业结构调整与重组的指导意见》要求，ZK 需剥离与核电业务无关的、低效能的辅业板块，常规水力发电板块即在本次剥离范围之内。2017 年，ZK 水电资产包在上海联合产权交易所进行披露并正式挂牌交易。ZK 水电资产包因部分项目存在资产负债率较高、弃水弃电严重等问题，整包处于亏损状态，能为 ZK 带来的经济利益现值已经低于权益的账面价值，所以属于已经发生价值贬损的低效资产。

1.交易结构

ZK 水电资产包中标的资产区域分散大，质量良莠不齐，资产包既包括股权也包括债权，QK 公司通过产权交易所收购该资产包后，采取与 ZK 专业管理团队合作的方式运作标的资产。

（1）搭建基金结构

QK 与 ZK 共同持有 QZ 基金份额，从而实现风险共担和收益共享，有效保证了 ZK 管理团队能够勤勉尽职地做好管理工作。

（2）分类处置

①对于优质水电资产，积极吸引产业方收购，扩大下属上市公司主体的资产规模，提升上市主体的营业收入和营业利润。

②对于常年亏损、质量较差的资产，尽可能减少亏损，通过重组、转让等

方式，加快处置未来难有盈利能力的水电资产，减少投资亏损。

③对于运营困难的水电项目，积极推动银行贷款落地，解决资金缺口。同时与地方政府沟通，尽快落实补助资金，提高上网电价，冲减投资成本，增加盈利。

2.项目实施效果

ZK 项目是 QK 公司参与的第一单央企辅业剥离、处理央企下属问题机构的项目。通过控股权收购水电资产包，实现了金融资本和实体产业的产融结合，有力支持了实体经济发展，并为公司储备了优质的资产资源。在水电资产包的收购和管理过程中，QK 公司充分发挥综合金融优势，助力了水电资产的整合和价值提升。对 QK 公司来说，完成 ZK 项目，不仅仅是完成了一笔资产收购，更重要的是通过资产纽带，建立起与 ZK 的业务联系，深化和 ZK 的进一步合作，积累了优质的客户资源。

5.6.2Talecris 分拆业务模式

Talecris 分拆业务模式即“收购非核心业务+改善经营+转让出售”。国外相关企业发展历程较长，分拆业务活动经验较为丰富。虽然许多大企业的非核心业务很有潜力，但是相比主营业务来说，它们所得到的关注和资本支持较少，于是这些具有发展潜力的业务被边缘化。在母公司经营陷入困境，需要甩掉包袱时，金融机构以较高的折扣投资这些被大公司边缘化的业务或不良资产，通过扭转企业经营状况来创造和提升该企业的价值，然后再将它们出售，从而获得丰厚的回报。

Talecris 公司主要以研发、生产和销售血浆制剂为主营业务，原来只是德国拜耳集团的一家非核心业务子公司，尽管拥有同行业先进的科技，但因为缺少管理和资金，业绩也乏善可陈。

1.交易结构

私募股权公司博龙资本管理有限公司（以下简称博龙）2005 年以 8260 万美元的价格从德国拜耳集团手中收购了 Talecris 公司，买入后依靠基金的运营管理能力，帮助公司成长为一个独立的整体并快速释放价值。如图 5-5 所示，收购后，博龙通过强有力的管理团队不断改善 Talecris 公司的国内分销渠道，并创建国际分销渠道，同时进一步加强研发、提高效率、增加产能，且在财务方面进行了严格管理。此后三年，Talecris 公司每年都保持了较高增长。

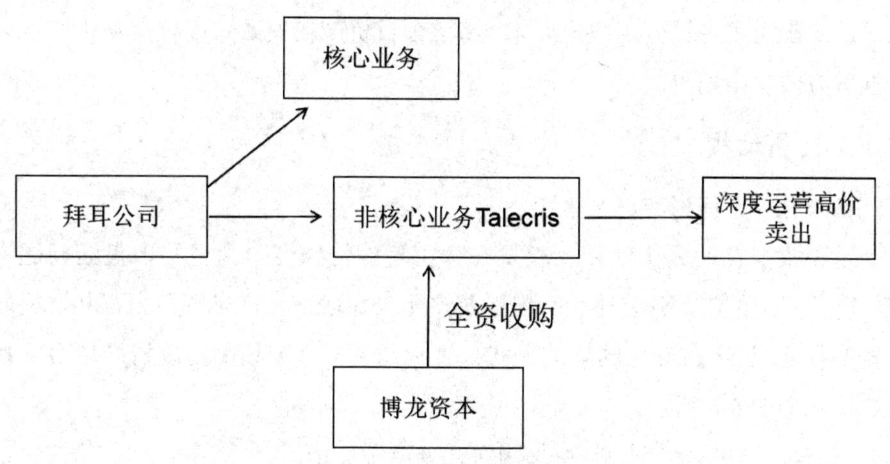

图 5-5“非核心资产剥离+深度运营”模式

2.项目实施效果

2009 年 10 月，Talecris 公司在美国上市，并以 9 亿多美元的募资，跻身全球最大 IPO 之列，仅此次上市就使博龙获得 3 亿美元的现金分红。

2010 年 7 月，博龙将 Talecris 公司出售给巴塞罗那的一家血浆产品制造商，获得 21.2 亿美元的净现金收益，是其当初 8260 万美元投资金额的 26 倍。

5.6.3A 集团辅业剥离模式

A 集团辅业剥离模式即“不良债权收购+剥离低效资产+合作盘活资产”。A 集团名下位于安徽省某市的项目土地使用权及地上在建工程资产，涉及产权不清、停工烂尾、无效运营等问题，被安徽省人民政府国资委专项小组检查并要求妥善处理有关改制企业的遗留问题，厘清相关产权关系，防止国有资产流失。同时，安徽省人民政府国资委针对 A 集团做精做强钢铁主业的要求，按主辅分离要求剥离项目土地使用权及地上在建工程资产。A 集团积极响应安徽省人民政府国资委主辅分离政策要求，将该项目资产在安徽省产权交易中心以公开挂牌方式实施处置。

1.交易结构

参与方：融信资产、A 集团

基于收购标的为土地使用权及在建工程的特殊性，为更好地盘活问题资产、提升资产价值，分公司联合融信资产子公司融信地产发挥各自优势，采取“资产收购+资产盘活”的联动方式处置标的资产。A 集团问题资产项目交易结构情况如图 5-6 所示。

第一步：融信资产收购 A 集团主辅分离不良资产。

第二步：融信资产出资设立 SPV 并装入资产。

第三步：融信地产对 SPV 增资控股。

第四步：融信资产、融信地产共同盘活资产。

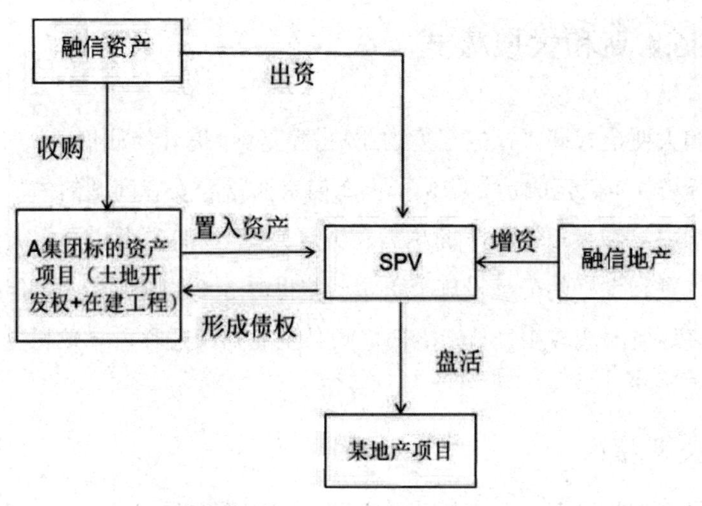

图 5-6 A 集团问题资产项目交易结构情况

由于资产出让方 A 集团为国有企业，因此其出让标的资产安徽省某市项目土地使用权及地上在建工程通过公开平台——安徽省产权交易中心操作，分公司通过公开摘牌方式收购不良资产。分公司受让标的资产后，利用融信地产专业平台能力，发挥集团协同优势，设立项目公司共同盘活标的资产，提升资产价值，实现集团利益最大化。分公司持有项目公司 20%的股权，可获得当期及远期收益，符合投入与产出配比原则。

2.项目实施结果

充分体现了集团协同的优势，通过分公司与专业平台（融信地产）全方位合作并整合各自资源，提高了对标的资产收购竞价的竞争力，提升了对问题资产价值的盘活能力。分公司和子公司利益一致，价值内部循环，通过协同实现集团利益最大化——融信地产增加了土地储备，融信资产实现综合收益。

5.6.4 高和大厦模式

高和大厦模式即“挖掘存量物业+搭建基金+提升物业价值”。2012年，高和资本斥资7.9亿元成功并购位于上海南京西路静安寺商圈的中华企业大厦，更名为静安高和大厦（以下简称高和大厦）。早年间，中华企业大厦因其优越的地理位置和良好的配套设施吸引了一些世界500强企业入驻，但随着时间推移，大厦翻新改造较少，日渐老旧，知名企业陆续迁移，导致租金低廉，远低于附近同类楼盘。

1.交易结构

交易方包括国开金融有限责任公司（以下简称国开金融）、高和资本及中华企业股份有限公司（以下简称中华企业）。国开金融成立于2009年，是国家开发银行经国务院批准设立的全资子公司，主营业务包括私募股权基金、城市开发、直接投资等。高和资本是我国首支也是最大的人民币商业地产私募股权基金，是专注于国内房地产资产的配置管理机构。中华企业是上海市专业从事房地产开发经营的企业。此次交易方式为高和资本与国开金融共同设立天津畅和股权投资基金管理有限公司（以下简称天津畅和），收购中华企业所持有的中华企业大厦，之后对其升级改造，并重新销售和招租。高和大厦项目交易结构如图5-7所示。

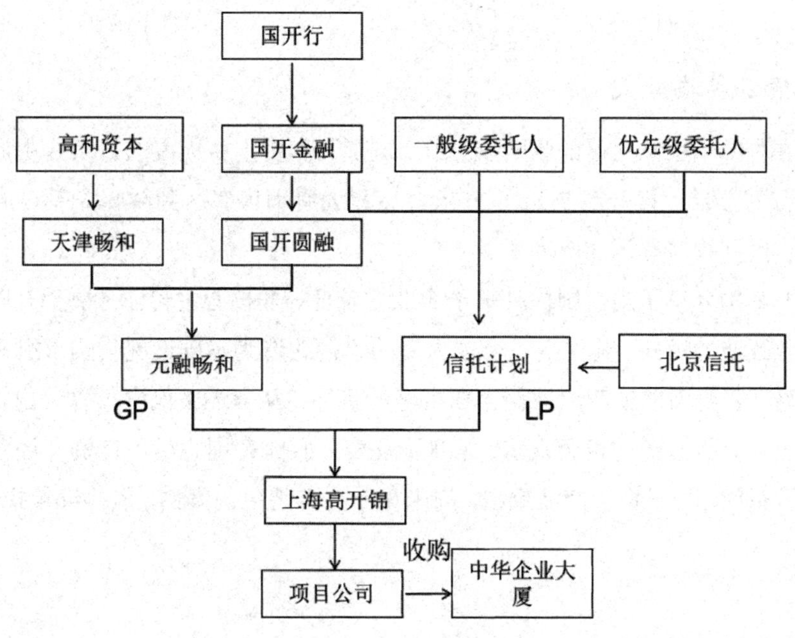

图 5-7 高和大厦项目交易结构

交易步骤：

第一步：高和资本以天津畅和为平台，国开金融以其控制的国开圆融为平台，合资设立元畅融和平台，天津畅和为基金管理人。

第二步：高和资本与国开金融指定相关方作为信托计划的一般级委托人向信托计划出资，并以杠杆方式募集优先级委托人出资，同时国开金融以持有的物业向信托计划出资，认购信托计划的中间级。

第三步：设立信托计划后，圆融畅和作为 GP，信托计划作为 LP，共同管理上海高开锦基金。

第四步：国开行以上海高开锦自有资金的一定比例向上海高开锦发放并购贷款。

第五步：对项目评估后，由合伙型私募地产基金设立的项目公司收购标的资产。

2.项目实施效果

通过对中华企业大厦的收购及升级改造，高和资本将大厦的日租金由原来的 4.5 元/平方米，提升至 7 元/平方米。高和大厦销售率达到 90%，基金存续期 2 年，内部收益率为 30%左右。

以上案例分享了当前国内外关于企业主辅业、非核心主营业务剥离，以及存量物业改造的模式，其中中华企业大厦的收购改造为基础设施收购重组模式拓宽思路，表明当前地产领域仍存在良好的机遇。从上述案例中可以看出，当今我国企业分拆业务的机会众多，拓宽不良资产收购范围也是不良资产经营机构的增量空间。对于资管产品重组，尚未见到富有特色的案例，值得继续探索。

5.7 小结

本章对非金业务中的资产收购重组模式展开研究，并根据基础设施类资产、受托金融资产、二手份额转让基金、辅业资产等不同资产，讨论了资产收购重组模式的实施策略。

本章并没有批判传统收购重组（附条件重组）业务模式的缺点，而是吸收其优点，阐明其简单明晰的商业模式，不良资产经营机构应寻找合适的价值洼地，使其更适宜成为固定收益类的业务模式。

基础设施类收购重组模式主要基于不良资产经营机构房地产收购重组类模式，并延伸优化设计。不良资产经营机构普遍在房地产板块拥有丰富的实务经验，过往收益颇丰，在当前政策压力下，以及行业进入拐点后，发挥在房地产行业的累积优势，稳定收益基本盘，是实物类不良资产业务的延续。因此，本章重点关注中心城市区域基础设施类不良资产收购重组业务，后期置换考虑由银行信贷等中长期、低成本资金实现退出，完成对传统收购重组（附条件重组）模式的再造。这样的操作方式，既探索了泛地产的基础设施收购重组模式，也增加了单个项目或单个客户对不良资产经营机构的黏性，为与外部单位协同发展开辟了新思路。同时，本章也关注当前新规下资管产品理清出现的机遇，以及国有企业和优质企业辅业剥离的机会。当前资管产品理清化解风险、国有企业等主辅业剥离有一定的政策窗口期，抓住这轮机遇，既能拓展非金业务的空间，也能为不良资产经营机构积累客户拓宽渠道。

可以看出，对于收购重组业务模式而言，可复制、简单、清晰等特点是其能实现规模化的基础。因此，应从收购重组业务模式入手，将其设计为解决短期流动性的短中期固定利率产品，平滑非金融企业在日常经营中的资金流，消除非金融企业在日常经营中的现金流不稳定因素。同时，通过分析过往案例，分析抵押品及共同债务人的还款来源，可以看出科学合理地预测债务方未来的盈利能力是否能覆盖当前本息是关键，而这完全取决于对行业及企业的专业判断，因此不良资产经营机构必须重视吸收并储备专业领域人才。

第 6 章 市场化债转股模式

随着不良资产市场的逐步开放，不良资产领域的竞争逐步白热化，不良资产经营结构面临银行系 AIC 的竞争，传统金融不良资产业务规模有可能下降。为持续稳定增长，强化企业不良资产业务实力，夯实非金业务规模尤为重要。因此，对企业间不良资产业务实施市场化债转股模式是不良资产经营机构实现“固定收益+浮动收益”的重要方式。

本章对国内债转股历史沿革、国家政策、市场现状等进行了梳理和总结，在此基础上，对当前市场化债转股业务的开展模式进行研究。从国际经验上看，市场化债转股业务已成为国外特殊投资基金投资不良资产的成熟投资策略之一，主要方式为在相对市场化的不良资产运营环境下，以一个低于目标公司内在价值的价格收购处于经营困难时期的公司债券，并通过债权转股权的方式成为公司的股东，之后运用一系列丰富手段盘活企业，并通过二级市场退出、长期现金分红、挂牌转让等方式实现投资收益。国内对于市场化债转股的政策支持始于 2016 年，目前仍处在业务前期的发展探索阶段，因此有必要研究其业务模式，以便指导实际的投资工作。

6.1 政策性债转股模式与实施情况

6.1.1 政策性债转股模式

1.出台背景

20 世纪末期，我国国有企业改革进入艰难的深水阶段，约 40%的国有企业账面亏损，大量企业存在巨额潜亏，大批职工下岗失业，引发了经济困境和社会问题。当时商业银行的不良资产主要源于体制和政策性因素，存在大量政策性贷款和政府行政干预放款，银行坏账积聚严重，银行几乎处在技术性破产的边缘。在此经济态势下，我国政府审时度势，为解决国内经济问题，同时防止国际金融动荡向我国蔓延，成立金融资产管理公司，并提出用三年时间实现国有大中型企业脱困。1999 年，债转股作为国有企业改革脱困的“撒手锏”，对部分国有企业择优筛选实施，实现给国有企业减负，有效剥离国有银行不良资产，使国有银行脱离技术性破产境地，转变为“好银行”，完善国有银行治理结构，实现国有银行轻装上阵，而被债转股企业恢复生产经营，经济面实现复苏。

2.政策性债转股实施模式

政策性债转股的主要目标是有亏损的国家重点企业，被选企业主要具备五个因素：产品品种适销对路，质量符合要求，有市场竞争力；工艺装备为国内、国际先进水平，生产符合环保要求；企业管理水平较高，债权债务清楚，财务行为规范；企业领导班子强，董事长、总经理等善于经营管理；符合现代企业制度要求，各项改革措施有力，减员增效、下岗分流任务落实。

政策性债转股主要模式有：资产管理公司在原债务层面直接实施债权转股；债转股原企业用部分资产出资，与资产管理公司共同设立债转股新公司；

对特定行业实施重组并对组建的新公司实施债转股；受托债转股。

政策性债转股的实施流程为：拟定债转股实施条件—拟债转股企业提出转股申请—确定债转股企业推荐名单—资产管理公司接收银行债权—资产管理公司开展独立评审—拟定债转股协议—开展审计、评估工作—制定债转股方案—上报主管部门审批—国家相关部门批复—协商、拟定新公司股东协议和章程—召开创立大会，选举董事监事—完成工商注册。

6.1.2 政策性债转股实施情况

1.政策性债转股实施成果

信达、华融、东方和长城资产是由我国政府组建的四家国有金融资产管理公司，共承担了580余户国有企业、总规模超过3000亿元的政策性债转股工作，主要集中在煤炭、化工、冶金、机械、电子、纺织、建材等行业。对企业实施债转股，一定程度上弥补了“拨改贷”所造成的国有企业资金不足的情况，其财务负担减轻，资产负债率下降。同时被债转股企业完成公司制改造，实现股权多元化，初步搭建企业内部治理结构，建立了“三会一层”的现代企业治理架构。同时债转股的实施实现了对部分行业的重组整合，加速了行业优质企业的发展，培育了一批具有较强市场竞争力和盈利能力的行业龙头企业。此外，债转股实施后，资产管理公司也利用金融专业优势，积极支持国有企业并购重组，推动债转股企业改制上市，登陆资本市场。债转股企业登陆资本市场后，经营管理水平有明显提升，融资更加便利，企业发展实力进一步得到夯实。

2.政策性债转股实施模式存在的问题

政策性债转股的实施取得了一定的经济效果，但也在之后暴露了诸多问题。主要体现在政策性债转股实施模式主要由行政指导所主导，具体实施方式均为先收购债权然后转为标的企业的普通股，为典型的“收债转股”模式，操作模式单一，同时并非市场化操作，转股企业及资产管理公司都不能遵循市场化原则公平、公开、透明化地操作。问题主要体现以下两方面：

第一，政策性债转股模式并非市场化，政策痕迹明显，行政指导色彩鲜明，市场化推进程度低。资产管理公司投资过程难以充分尽调，资产管理公司并不能按照市场化原则独立决策，也并不能发挥金融公司的“独立评审”功能，部分企业转股后很快再次陷入困境。资产管理公司未能充分了解转股企业的问题所在，难以发挥专业优势支持企业，企业陷入困境的同时也影响资产管理公司的资产配置质量。同时，转股企业和地方政府认定债转股是我国政府的新一轮“优惠政策”，部分企业虽然进行了股份制改造，建立了现代企业管理架构，但并未按照相关制度严格执行，更多的是停留在章程制度层面，有些企业由于实控股东是地方国资委，正常的市场化经营受到一定程度的干扰。资产管理公司地位尴尬，股东权利权益难以发挥，治理架构流于形式，难以参与日常管理。同时，转股企业大部分都是地方重点企业，在当期除去经济发展任务外，还有一定的社会负担。

第二，政策性债转股模式停留在转股降负债层面，对公司的深度改造程度低，同时未充分考虑资产管理公司的退出机制。在政策性债转股实际工作推进中，多数地方政府和转股企业并未按照国家政策要求彻底剥离辅业资产，移交企业，交办社会职能。虽然有些转股企业在形式上呈现剥离，但在实质上未有任何变化，这使得债转股更多地体现为财务性投资，而非对企业经营的深度改造。同时，在政策性债转股的推出前期，资产管理公司的退出通道也没有得到合理安排。截至目前，资产管理公司所持有部分股权长期难以变现退出，近乎成为资产管理公司所属的“僵尸企业”，严重影响资产管理公司在新一轮市场化债转股中发挥化解不良资产风险的功能。

6.2 市场化债转股政策与实施情况

6.2.1 市场化债转股被推出的背景

从国内过往经济发展历程看，经济增长主要以出口贸易额扩张、城镇化为主的大规模房地产开发及基础设施建设拉动。从融资方式看，以银行间接融资为主，直接融资为辅，这与我国融资体系尚不发达、融资结构尚不健全有关，但也与市场经济微观主体的特征有紧密联系。从拉动经济的主要市场领域看，其微观市场主体以中低端制造业企业、房地产开发企业、工程建设企业及地方融资平台为主，其增长方式为债务型扩张模式，核心资产主要为企业所持有的不动产及生产制造设备，而受益于我国房地产常年高景气的连续增长及保值属性，企业利用所持有的以不动产为主的资产实施债权性融资，既与以往宏观经济发展水平吻合，也符合出资方银行对于抵押物风险评判的需求。

但在目前我国微观市场主体构成也在发生结构性变革，总体融资体系也将发生深层改变。在有效需求不足、社会预期偏弱、风险隐患仍然较多，国内大循环存在堵点等形势下，依靠债务扩张的企业，其短债长投、大干猛干的发展模式已被证实为不可持续的发展模式。因此，在当前我国企业面临向高附加值领域及服务业拓展的阶段，企业面临外部环境复杂、内部经济转型的挑战，想摆脱单纯债务式扩张，实现可持续健康发展，首先应改善其资本结构，降低经营负债率，实现企业稳健可持续经营发展，因此实施市场化债转股是当前改善企业经营，运作不良资产的重要方式。

6.2.2 市场化债转股的相关政策

2016 年，我国政府为化解实体企业不良资产风险问题，持续推出债转股政策。核心指导政策为 2016 年国务院发布的《关于市场化银行债权转股权的指导意见》，此文件作为《关于积极稳妥降低企业杠杆率的意见》的附件下发，可以看出债转股已被作为降低企业杠杆率的重要手段。与政策性债转股最大的不同在于其具有市场化原则，国家只是出台政策大框架，提供指导，具体的操作实施由参与的各市场主体协商完成。具体表现在，从债转股企业的筛选、资金的募集、定价，到最后退出等方面均由市场来抉择，充分发挥市场对配置资源的决定性作用。2016 年至 2018 年关于我国市场化债转股的主要政策梳理如下：

2016 年，国务院发布《关于积极稳妥降低企业杠杆率的意见》及其附件《关于市场化银行债权转股权的指导意见》，收购债权范围扩大到非金债权。信达将其作为开展债转股业务的纲领性指导文件，指导内容包括总体要求、实施方式、实施主体、实施对象标准、融资渠道等。

2016 年，中华人民共和国国家发展和改革委员会（以下简称发改委）提出《关于报送积极稳妥降低企业杠杆率工作部际联席会议制度的请示》，经国务院同意，得《国务院办公厅关于同意建立积极稳妥降低企业杠杆率工作部际联席会议制度的函》，就积极稳妥降低企业杠杆率工作部际联席会议制度相关内容进行规定。

2016 年，财政部、国家税务总局印发《关于落实降低企业杠杆率税收支持政策的通知》，就降低企业杠杆率相关税收问题进行规定。

2016 年，发改委印发《市场化银行债权转股权专项债券发行指引》，该指引拓宽了市场化债转股实施机构的资金来源。但考虑到融资成本因素，发行该类债券暂不适合持牌金融机构。

2017 年，保监会发布《关于保险业支持实体经济发展的指导意见》，支持保险资金发起设立债转股实施机构，开展市场化债转股业务；支持保险资产管理机构开展不良资产处置等特殊机会投资业务，发起设立专项债转股基金等。

2017 年，发改委办公厅发布《关于发挥政府出资产业投资基金引导作用推进市场化银行债权转股权相关工作的通知》，体现了发改委解决债转股实施机构开展债转股业务但资金受限问题的具体措施，为拓宽债转股资金来源提供了新的选择，目前各省、自治区、直辖市等发改委有关具体配套办法仍有待出台。

2017年，银监会发布《商业银行新设债转股实施机构管理办法（试行）》，对银行投资子公司的设立条件、运营模式、风险管理等做了规定。目前五大国有银行投资子公司均已获批开业，五家公司注册资本均在100亿元至120亿元。

2017年，银监会发布《金融资产管理公司资本管理办法（试行）》，首次提出了我国资产管理公司资本监管的统一框架，其中明确了市场化债转股业务的风险权重为150%，实质性重组形成的股权风险权重50%，债转股企业和满足条件的附属非金融机构可以不纳入集团资本监管范围。

2018年，发改委印发《关于市场化银行债权转股权实施中有关具体政策问题的通知》，该文件体现了管理部门对市场化债转股的支持力度，进一步加强了业务指导。

2018年，中国人民银行等四部门联合发布《关于规范金融机构资产管理业务的指导意见》，其中涉及债转股部分的有如下两条：

第一，私募产品的投资范围由合同约定，可以投资债权类资产、上市或挂牌交易的股票、未上市企业股权（含债转股）和受（收）益权，以及符合法律法规规定的其他资产，并严格遵守投资者适当性管理要求。鼓励充分运用私募产品支持市场化、法治化债转股。

第二，鼓励金融机构在依法合规、商业可持续的前提下，通过发行资产管理产品募集资金投向符合国家战略和产业政策要求、符合国家供给侧结构性改革政策要求的领域。

6.2.3 市场化债转股政策解读及现状

从出台的政策上看，市场化债转股的适用市场机构已经不限于政策性债转股时期的传统四大资产管理公司，而是涵盖当前的主要金融机构，如保险资管公司、国有资本投资运营公司、银行新设债转股实施机构等。从操作机构上看，允许实施机构发起设立私募股权投资基金，开展市场化债转股，同时允许实施机构与私募投资机构合作开展债转股，充分发挥各方优势。实施机构的优势是项目和资金，股权投资机构的优势是具备并购投资管理的专业能力，两者优势互补，将产生更多的机会。

从创新内容上看，出台的政策鼓励银行、实施机构和企业在现行制度框架下，在市场化债转股操作方式、资金筹集和企业改革等方面探索创新，并优先采取对去杠杆、降成本、促改革、推转型综合效果好的业务模式。现行政策要求不明确，或需调整现行政策的市场化债转股创新模式，应与相关部门研究反馈后开展。从发行方式上看，允许上市公司、非上市公众公司发行权益类融资工具，如普通股、优先股、可转换债券等实施市场化债转股，允许以试点方式使非上市公众公司银行债权转为优先股。

相关政策要求，市场化债转股应强调市场化、法治化原则。与政策债转股的行政指导不同，市场化债转股虽然在推进过程中也需向相关部门报备，但投资过程中更多体现的是市场化行为，即参与主体自身有意愿，自主协商，政府不强行干预，政府仅列出负面清单（扭亏无望且已失去发展前景的“僵尸企业”、失信企业和不符合国家产业政策的企业），禁止对清单上的企业实施债转股。同时，投资过程中更强调法治化，依法依规开展降杠杆工作，政府与各市场主体都要严格依法行事，尤其要注重保护债权人、投资者和企业职工的合法权益。加强社会信用体系建设，防范道德风险，严厉打击逃废债行为。

目前，我国政府鼓励各金融机构参与市场化债转股业务，除去已有的资产管理公司及地方资产管理公司外，由国家（财政部、中央汇金投资有限责任公司）直接管控的四家大型国有银行——中国工商银行、中国农业银行、中国银行和中国建设银行也设立资管公司专门开展市场化债转股相关业务。从签约规模看，中国建设银行居首位，地方资产管理公司及非银行金融机构也有少数签约单。虽然签约规模大，但实际上存在项目落地难的问题。目前，资产管理公司市场化债转股业务主要面临资本约束、资金来源、考核激励等诸多方面的制约[127-128]。

当前的非金业务参与主体大多也参与市场化债转股，部分资产管理公司如四大资产管理公司，有存量债转股，可以通过存量股权经营“要利润”，也可以通过开拓市场化债转股获取股权投资收益。但总体看，虽然存量债转股企业基本为中央或者各地方的特大型重点国有企业，但长期以来资产管理公司缺乏对存量债转股企业的深度价值创造，仅对“三重一大”等事项中涉及股东权益的方面施加影响，主要原因有以下两点：

第一，股权投资风险权重高，新兴产业配置低，赋能能力不足。资产管理公司股权投资风险权重高达 400%，股权项目对风险资本消耗大，同时考虑资产管理公司融资成本，单个股权项目收益率较 AIC 要大幅度上升才能满足商业化盈利需求。因此，新增股权企业投放规模小，难以配置新兴产业股权资产并通过后期股权管理工作实现对存量债转股企业和新增新兴股权企业的嫁接赋能。

第二，受限于金融机构的功能定位，资产管理公司的业务模式本质上仍以解决存量不良债务的回收业务为主，且监管政策执行“一刀切”。《关于完善国有金融资本管理的指导意见》等相关意见指出，严禁国有金融企业凭借资金优势控制非金融企业，要求金融机构回归本源，专注主业。但在政策实际执行过程中，存在“一刀切”的情况，因此资产管理公司虽然能清理债务，修复企业信用，助力企业恢复生产，但被限制了通过正常商业模式“活化资产，价值再造”的能力的发挥。

6.3 债转股业务模式

目前，市场上存在的债转股案例根据债转股企业财务困难程度及实施目的的不同，可分为企业自救型债转股和本轮政策鼓励的市场化债转股两种。与市场化债转股的基本要素不同，企业自救型债转股是指企业为避免破产清算，在陷入严重流动性危机时，与债权人协商进行债转股。企业自救型债转股无资金来源，以避免企业破产清算为实施目的，企业原债权人为实施主体，由企业驱动。市场化债转股是指银行等金融机构在国家政策推动下，对发展前景良好但遇到暂时困难的优质企业进行债转股。市场化债转股以社会资本为主，以国家降低企业杠杆率为实施目的，以商业银行等金融机构为实施主体，由金融机构驱动。

6.3.1 企业自救型债转股模式

从发展脉络上看，由市场主体企业发起，采用完全市场化的手段，企业财务困难程度可控的即企业自救型债转股。企业自救型债转股模式主要由市场企业主体在企业经营遭遇流动性紧张和债务压力时自主发起，交易场地主要在二级市场，主要通过以股抵债、增发配股、资本公积转增资本等方式吸收外部资本偿还债务，将债务转为普通股。对于债务人而言，这是可以尽量规避本金损失的不良资产处置方式。

企业自救型债转股模式大致可分为两类子模式：第一类是债务人与债权人协商后，直接以股抵债[129]，此类模式中的债转股方案大都源于企业自身的破产重整计划。第二类是通过首发、增发和配股等方式筹集资金偿还企业借款，采用此模式的企业的经营状况通常好于采用第一类模式的企业，其进行债转股并非出于破产重整要求，而是为了缓解企业流动性紧张压力。

6.3.2 市场化债转股模式

市场化债转股主要在国家去杠杆及加快实施市场化债转股的政策推动下实施，根据参与主体不同，可分为银行主导的债转股和非银行金融机构参与的债转股。

市场化债转股是银行等第三方金融机构以市场化方式对发展前景良好但

遇到暂时困难的企业进行的债转股。债转股对象以周期性行业中行业地位显著且债务负担较高的各省龙头企业为主，既有国企，也包括大型优质民企。主要方式是银行等金融机构与企业自行协商债券如何收购，债权如何转为股权，以及股权如何退出等整体方案，政策在此过程中介入较少。市场化债转股强调与降本增效、产业升级相结合，与深化国有企业改革、转换体制机制相结合，与淘汰落后产能、促进兼并重组相结合。

1.市场化债转股项下拟转股资产

债权类型方面，2016年国务院印发的《关于市场化银行债权转股权的指导意见》指出，仅将银行债权作为债转股认定范围。其后市场反映该指导意见的此项规定不利于债权方和债务方达成共识，可能导致债转股项目难以顺利实施。对此，发改委印发的《关于市场化银行债权转股权实施中有关具体政策问题的通知》延续了银监会《商业银行新设债转股实施机构管理办法（试行）》（征求意见稿）中“转股债权范围以银行对企业发放贷款形成的债权为主，适当考虑企业债券、票据融资等其他类型债权”的操作方式，允许将除银行债权外的其他类型债权纳入转股债权范围，包括但不限于财务公司贷款债权、委托贷款债权、融资租赁债权、经营性债权等，其中还特别指出不包含民间借贷形成的债权。至此，债权类型限制被放开，几乎包含了除民间借贷以外的所有金融债权。

债权质量方面，《关于市场化银行债权转股权实施中有关具体政策问题的通知》出台前的政策文件对于转股债权的质量类型并未明确表述。银监会《商业银行新设债转股实施机构管理办法（试行）》（征求意见稿）仅规定转股债权风险分类类型由实施机构、债权银行和企业自主协商确定。而《关于市场化银行债权转股权实施中有关具体政策问题的通知》则明确指出，债转股实施机构可以市场化债转股为目的受让各种质量分级类型债权，包括银行正常类、关注类和不良类贷款。同时，银行应按照公允价值向实施机构转让贷款，因转让形成的折价损失可按规定核销。上述规定对信贷资产转让规则进行了部分调整，如调整了银监会《关于进一步推进改革发展加强风险防范的通知》中有关“商业银行不得将正常类贷款转让给资产管理公司”的政策导向，明确债转股不等于对不良资产进行处置。换句话说，正常类的优质银行贷款，可以在债转股的背景下转让给债转股实施机构并转股。

2.市场化债转股的资金来源

本轮市场化债转股与上轮政策性债转股的推出存在不同点。上一轮政策性债转股主要是由资本金不足，财务负担重的企业因周期性调整而进行，以化解不良贷款为实施目的，由政府主导，以商业银行和国有资产管理公司为参与主体，其资金来源为财政部及中国人民银行，对高负债、存在财务困难的国有企业进行债转股。新一轮市场化债转股主要是由产能过剩，产品升级的企业因周期性和结构性调整而进行，以去杠杆、促进实体经济为实施目的，由市场主导，以银行、保险、资产管理公司等为参与主体，其资金来源为银行资金及各类社会资金，对发展前景良好但暂时困难的企业进行债转股。

此轮市场化债转股是政府鼓励企业行为，资金更多需要企业自筹而非财政划拨，市场化债转股项目的体量规模通常较大，如涉及钢铁生产、化工能源企业等传统产业的项目，其开展规模甚至超过数十亿人民币，这对债转股实施机构的资金募集能力提出了较高的要求。在实践操作中，市场化债转股项目落地的重要障碍就是项目资金来源有限，因此，资金来源市场化也是此轮亮点。本轮市场化债转股中的项目资金来源除债转股实施机构的自有资金外，还包括以下几类：

（1）银行理财资金

根据银监会《关于进一步规范商业银行个人理财业务投资管理有关问题的通知》的规定，理财资金不得投资于境内二级市场公开交易的股票或与其相关的证券投资基金。理财资金参与新股申购，应符合国家法律法规和监管规定。理财资金不得投资于未上市企业股权和上市公司非公开发行或交易的股份。对于具有相关投资经验，风险承受能力较强的高资产净值客户，商业银行可以通过私人银行服务满足其投资需求，且不受上述规定的限制。另根据发改委《关于市场化银行债权转股权实施中有关具体政策问题的通知》的规定，允许实施机构发起设立私募股权投资基金，开展市场化债转股。符合条件的银行理财产品可依法依规向实施机构发起设立的私募股权投资基金出资。

（2）银行自营资金

根据《中华人民共和国商业银行法》的规定，我国商业银行在中华人民共和国境内不得从事信托投资和证券经营业务，不得向非自用不动产投资或者向非银行金融机构和企业投资。由于该项规定的限制，银行自营资金（降准资金）理论上不可能涉足债转股项目，因为债转股项目投资标的中存在企业股权。但是，为了推广市场化债转股，真正做好“三去一降一补”工作，中国人民银行决定通过定向降准的方式支持市场化、法治化“债转股”。中国人民银行鼓励5家国有大型商业银行和12家股份制商业银行运用定向降准资金和从市场上募集的资金，按照市场化定价原则开展债转股项目，定向降准资金不支持“名股实债”和“僵尸企业”的项目。银行自营资金（降准资金）投资于债转股项目，但其使用需满足1∶1配比社会资金的要求，且实践中只有在项目报发改委审核确认后，市场化债转股项目才能启动。不过目前降准资金大多通过银行同业借款给AIC，再由AIC投资于债转股项目的方式参与市场化债转股。

（3）保险资金

指保险集团（控股）公司、保险公司以本外币计价的资本金、公积金、未分配利润、各项准备金，以及其他资金。根据《保险资金运用管理办法》的规定，保险资金投资的股票，主要包括公开发行并上市交易的股票和上市公司向特定对象非公开发行的股票；保险资金投资的股权，应当为境内依法设立和注册登记，且未在证券交易所公开上市的股份有限公司和有限责任公司的股权。

（4）专项债权资金

从《市场化银行债权转股权专项债券发行指引》中可以看出，国有资本投资运营公司、地方资产管理公司等市场化债转股实施机构，在满足一定要求后可以申报发行债转股专项债券。在募集资金使用上，债券发行规模不超过债转股项目合同约定的股权金额的 70%。对于已实施的债转股项目，债券资金可以对前期已用于债转股项目的银行贷款、债券、基金等资金实施置换。

3.市场化债转股的主要内容

（1）企业范围

不限定对象企业所有制性质。支持对符合政策规定的各类非国有企业，如民营企业、外资企业等开展市场化债转股。

（2）债权来源

以银行贷款为主，包括但不限于财务公司贷款债权、委托贷款债权、融资租赁债权、经营性债权等，但不包括民间借贷形成的债权。各种质量分级债权分为正常类、关注类和不良类。

（3）转股模式

包括但不限于各实施机构根据对象企业降低杠杆率目标，设计股债结合、以股为主的综合性降杠杆方案，允许有条件、分阶段实现转股。鼓励以收债转股模式开展市场化债转股，方案中含有以股抵债或发股还债安排的按市场化债转股项目报送信息。允许实施机构发起设立私募股权投资基金开展市场化债转股等。

（4）转股价格及资金来源

转股价格主要有二级市场价格、协商价格和评估价格；资金来源主要有自有资金、债转股基金和股份代持。

（5）退出方式

可对接资本市场，或采取其他途径，如挂牌转让、协议转让、股权回购、股权置换等。

4.市场化债转股目标企业客户的选择标准

（1）目标客户

公司治理和行业前景良好，有稳定盈利前景，产品有优势，有合理的退出渠道（如上市或重组退出）的企业。

（2）予以关注的客户

周期性困难且有望逆转的企业、高负债的新型成长型企业、产能过剩的关键型和战略型企业。

（3）暂不考虑的客户

助长过剩产能、扭亏无望的“僵尸企业”，恶意逃废债或债权复杂的企业。

5.市场化债转股流程

市场化债转股根据项目实际情况设计交易结构，确定转股模式。在业务开展流程上，首先，债转股实施机构与标的企业达成债转股意向，就具体项目方案等达成一致性意见并签署框架协议。其次，需要获得政府相关监管部门批准，或项目需提交备案才能申请优惠政策的债转股项目，此时应将相关材料提交相关部门审批。例如，需要向发改委、中国人民银行等机构申请使用降准资金，应当将项目方案提交发改委审批，被认定为市场化债转股后，再提交中国人民银行申请使用降准资金或后续优惠政策。再次，通过评估程序等流程，对标的企业的资产负债情况进行全面分析评估，并确定债转股比例。以债权出资的，根据《中华人民共和国民法典》相关规定，对作为出资的非货币财产应当评估作价，核实财产，不得高估或者低估作价，如果法律、行政法规对评估作价还有规定的，应从其规定。在评估基础上，应同时确定是溢价转股还是折价转股。债转股比例和新股的发行价格将决定债权人的债务清偿比例和回报率，随后应召开股东（大）会，形成决议，确认债权作价出资金额。债转股项目还需履行验资程序，即经验资机构验资并出具证明，验资证明应当包括债权基本情况、评估情况、债转股完成情况、报批情况（如有）等。然后，在协议签署后实施项目，并进行工商变更登记程序。公司需向工商部门提交注册资本和实收资本变更登记申请，以及债转股承诺书（如有）、法院裁判文书（如有）、和解协议（如有）、债转股合同、验资报告、新公司章程、股东主体资格证明等。最后是投后管理与项目退出，根据债转股相关合作协议的安排，通过二级市场退出、协议转让、企业回购、装入上市公司等方式退出。市场化债转股主要流程如下：

①双方初步沟通。

②项目立项。

③审计及评估，尽调估值。

④设计交易结构，谈判确定价格。

⑤内部审批决策。

⑥协议签署，资金投放。

⑦股权变更登记。

6.市场化债转股设计方案要点

（1）交易结构和估值

在交易结构中，需要明确债权是转为目标企业的优先股还是普通股，并明确对目标企业的估值、评估基准日。在此基础上，要准确界定拟将所持目标企业截至停息日转股债权金额，转股完成后将持有的股权金额和比例。股权估值和债权估值同样作为债转股业务的核心能力，债转股业务通常涉及不良债权打折收购的债权价值和转股后上市公司股票或非上市股权价值的估值工作，后者经常是前者定价的基础，也是定价谈判的关键。对于先收债再转股的业务模式，务必确保债权收购价格不高于转股价格，否则在转股时将出现债权投资计提亏损。由此可见，若股权定价偏差太大，预判不够，将直接影响债权收购的损益，按照业界通行做法，主要包括债权估值和股权估值。

（2）交易文件

债转股各方就债权收购协议、债转股协议及修改后的目标企业公司章程等交易文件讨论并达成一致。

（3）债转股实施机构权利设置

根据业界实操经验总结，在债转股成为目标企业股东后（下称债转股股东），应享有类似交易中的惯常优先权、保护条款等。

①表决权（适用债转优先股）

对目标企业所有需要股东投票决定的事项，债转股股东获得的优先股具有与现有所有股东相同的、与其股份比例相对应的投票权。

②转换权（适用债转优先股）

在满足反稀释调整的条件下，债转股股东可选择随时以一定的转换比例将所持优先股转换为普通股，如在目标企业完成引进战略投资方或合格上市（条件视项目情况确定）时，所有优先股应以多少转换比例自动转换为普通股。

③分红权

目标企业承诺在按照《中华人民共和国公司法》的规定提取公积金后，每年拿出至少约定比例的税后利润进行现金分红。

④反稀释权

债转股股东正式成为目标企业的股东之后，一般会要求新投资方（如有）未来进入的投资价格不得低于债转股股东的价格（公司上市时，向社会公开募集部分的股份除外）。如未来新投资方的最终投资价格或者成本低于债转股股东的价格或者成本，债转股股东有权以法律允许的最低对价进一步获得公司发行的注册资本，或要求控股股东和实际控制人以债转股股东认可的其他方式补偿自己，以使不良资产经营机构本次债转股价格不高于未来新投资方的最终投资价格。

⑤优先认购权

若目标企业进行任何增资或新股发行，则不良资产经营机构有权按同等条件及价格并按届时持股比例优先认购。根据已有员工期权计划向员工发行的股权、由兼并重组导致的新增股份或 IPO 等惯常例外情形则不受此限制。

⑥优先认购权

当目标企业股东计划向第三方出售部分或全部股权时，则债转股股东有权按同等条件及价格按届时持股比例优先购买。

⑦共同出售权

如果目标企业控股股东或实际控制人决定转让其直接或间接持有的股权，债转股股东应有权按同等条件及价格并按届时持股比例享有共同出售权；如果该等转让将导致控股股东或实际控制人地位发生变化，则债转股股东有权按同等条件及价格出售其持有的目标企业全部股权（而不受持股比例的限制），或要求目标企业、实际控制人和控股股东以相同的转让条件或约定的回购价格回购债转股股东持有的股权。

⑧业绩承诺及估值调整

根据目标企业及控股股东预测，在债转股完成后的第一个完整会计年度，将实现净利润承诺业绩，如果目标企业未实现上述承诺业绩，则控股股东和实际控制人有义务向债转股股东提供股权或者现金补偿，以确保补偿后的估值相对于实际业绩的倍数不高于补偿前的估值相对于承诺业绩的倍数。上述净利润是指经债转股股东和目标企业认可的会计师事务所出具的无保留意见审计报告中归属母公司所有者的净利润，且应以扣除非经常性损益前后较低者为准。如果债转股股东对审计结果存有疑问，债转股股东有权另行聘请审计机构进行独立审计。

⑨优先优惠待遇

目标企业如与任何后续投资方签署的投资协议中包含任何比债转股股东签署的协议更为优惠的条件，则债转股股东应自动享有该等更优惠条款项下的权利（目标企业上市时，向社会公开募集部分股份的除外）。

⑩赎回权

若出现目标企业实际净资产低于承诺净资产的 90%，或者实际净利润低于承诺净利润的 90%；目标企业与债转股股东无法就公司业绩审计或评估结果达成一致；目标企业未能在本次债转股完成后的约定时间内成功实现合格上市；目标企业对其与任何金融机构之间的债务构成违约，相关债务被金融机构宣布加速到期等情形的，债转股股东有权要求目标企业或控股股东、实际控制人按债转股股东转股全部金额加上约定比例计算的回报，扣除债转股股东已获取分红款后的价格，赎回债转股股东全部股份。目标企业或控股股东、实际控制人，应自债转股股东发出书面通知之日起几个月内付清全部回购款项。

⑪信息知情权

债转股股东享有惯例的信息知情权，有权获得和审核目标企业及其子公司的财务账簿和记录，包括年度、半年度、季度和月度财务报告或审计报告，日常重大经营决策文件，定期经营报告，管理层定期经营分析会纪要等。

⑫清算优先权

若目标企业发生任何清算、解散或终止情形，在目标企业依法支付清算费用、职工工资、社会保险费用和法定补偿金，缴纳所欠税款和清偿债务后，债转股股东有权优先于目标企业现有股东取得全部投资金额加上每年约定比例计算的回报，并扣除债转股股东已获取分红款后的清算金额。

（4）公司治理

本次债转股完成后，债转股股东有权提名与其持股比例等比例数量的董事（但不得少于 1 名）加入目标企业董事会。目标企业及控股股东、实际控制人有义务保证债转股股东所提名的董事获选进入董事会。公司董事会召开会议的有效出席人数应为所有董事的二分之一以上，其中至少包括一名由债转股股东指派的董事。

（5）管理层激励措施

若存在管理层激励措施，应明确目标企业将为核心管理团队成员授予多少股权作为激励，以及具体的分配和发放方式。

（6）重大事项表决权

本次债转股完成后，目标企业或其任何子公司在决定重大事项时，债转股股东有权按照《中华人民共和国公司法》和目标企业公司章程的规定享有相应比例的表决权。重大事项表决权通过比例是三分之二或五分之四，或是其他合适比例，需在商务谈判时确定。“重大事项”应当包括：

①修改目标企业公司章程。

②对目标企业增加或者减少注册资本做出决议。

③目标企业对主营业务做出重大改变，或从事任何与现有主营业务在产业链上无任何联系的业务。

④对目标企业核心知识产权等无形资产进行出售、转让、许可或以其他方式进行处置。

⑤对目标企业合并、分立、解散、清算或者变更公司形式做出决议。

⑥目标企业以低于本次债转股价格向第三方增发注册资本，或控股股东、实际控制人向其转让公司股权。

⑦聘用、变更为目标企业服务的会计师事务所。

⑧目标企业的分红政策。

⑨目标企业或子公司增加董事人数。

⑩设立子公司（或法律允许的其他任何形式的主体），以任何方式取得子公司（或法律允许的其他任何形式的主体）的股权或权益。

⑪目标企业在三个月内出售、置换、购买价值累计超过其净资产约定比例或总额超过约定金额的资产。

⑫目标企业超过约定金额的一次性资本支出计划。

⑬目标企业向银行或任何第三方申请超过约定金额的贷款，或发行超过约定金额的公司债券，除为向银行或第三方申请贷款之目的外，将超过约定金额的公司资产进行抵押或质押。

⑭目标企业为任何第三方提供对外保证，且保证数额超过约定金额，或目标企业为任何第三方提供借款超过约定金额或累计超过约定金额。

⑮制订目标企业员工股权激励计划。

⑯选择（更换）上市时间、上市地，选择（更换）上市保荐机构及保荐人。

⑰经各方约定的其他事项。目标企业任何可能对债转股股东权益造成损失的事项，在债转股股东提出异议的情况下，若仍形成决议，则债转股股东有权要求实际控制人按照上述赎回权中的约定进行回购。

（7）保密方案

在协商过程中，应当明确任何一方均负有保密义务，不得直接或间接披露、泄露、透露、公开或以其他方式告知其他机构和个人。

（8）税费

列明各方分别承担各自为完成本次交易所发生的税费及相应成本支出。

（9）交割条件

交易的交割应以下述条件的满足为前提：一是交易文件已被各方及其他相关方签署；二是交易获得各方内部有权机构的批准；三是交易已获得所有必需的政府部门或第三方的批准；四是各方未违反其在交易文件项下的陈述、保证及承诺；五是各方在交易文件项下约定的其他惯常交割条件。

（10）陈述、保证和承诺

本次交易的最终法律文件应包括目标企业及大股东所做的陈述、保证，以及约定事项（如承诺保持目标企业的控制权，承诺提供给债转股股东方的尽调资料真实、完整、准确等）。如果目标企业、大股东违反任何陈述、保证或约定事项，且对债转股股东的利益造成任何损失，则公司及大股东应分别并连带地向债转股股东做出相应赔偿。

（11）管辖法律及争议解决

各方之间产生的所有与本次交易有关的争议，若无法通过协商或调解解决，则应提交至签约所在地的人民法院。

7.新一轮债转股的典型模式

包括银行系市场化债转股模式和资产管理公司市场化债转股模式，两类债转股模式的不同，主要源于两类金融机构的资金成本和投资要求不同，银行系债转股资金成本比资产管理公司低，因此其更容易实现债务置换，即“明股实债”型债转股，而其对投资的要求主要在于对母行不良资产实施出表，降低母行坏账率。资产管理公司市场化债转股资金成本更高，难以通过实施简单的债务置换完成债转股，同时资产管理公司实施市场化债转股，主要是为了增加公司长期基础股权资产配置，获取相较债权更高的长期投资收益。从模式上看，银行系债转股为大型银行通过其子公司设立基金并募集社会资金进行交叉债转股，主要有并表基金、定增基金、“基金+优质资产”等模式[130-132]；资产管理公司市场化债转股主要有资产管理公司设立债转股基金模式，将非金债权收购与债转股等多种投资手段结合模式等。

（1）银行系债转股模式

大型银行通过其子公司设立基金，再通过募集社会资金的方式进行交叉债转股，是典型的“发股还债”模式，常见的模式有并表基金、定增基金、“基金+优质资产”等。

典型银行系债转股模式的实施可分为以下五个步骤：

①成立 GP 或 LP。

②用基金募集的资金偿还银行贷款。

③按照定价，基金将偿还贷款的基金转换成公司股票（类似定增）。

④基金成为公司股东，即公司主动管理者。

⑤实现基金退出。

模式一：并表基金（债务置换+真实转股）

并表基金模式，即转股双方合资设立有限合作基金，通过合伙协议将基金并入少数股东权益，用于偿还债务，降低企业资产负债率，如中国宝武钢铁集团有限公司（以下简称武钢集团）分别与中国建设银行、中国农业银行共同发起转型发展基金，以“股+债”、委托贷款等不同方式投资武钢集团及其子公司。

该模式主要表现为银行与目标企业 Y 合作发起设立基金。其中银行理财作为基金优先级 LP，Y 作为劣后级 LP，基金管理人采取双 GP 模式，GP1 为银行指定机构，GP2 为 Y 集团或其控股子公司，其中按法律条款设计安排，视 GP2 为基金的实际控制方，将基金纳入 Y 集团的可并表范围。基金通过委托贷款的方式，将资金提供给 Y 集团，用于置换其存量高息负债，Y 集团按期还本付息。

模式二：定增基金（投向子公司股权）

银行与目标企业 Y 合作发起设立基金，其中银行理财作为基金优先级，Y 作为劣后级 LP。基金管理人为单 GP 模式，由银行指定的基金管理机构担任。

基金向 Y 下属子公司增资入股，最终资金用于置换 Y 的高息负债。基金存续期间，通过 Y 子公司的分红获取期间收益。未来通过将 Y 集团上市，或将子公司装入 Y 集团上市，或由 Y 集团回购实现退出。

模式三：基金+优质资产

银行与目标企业 Y 合作发起设立基金。其中银行理财作为基金优先级 LP，Y 作为劣后级 LP，基金管理人采取双 GP 模式，GP1 为银行指定机构，GP2 为 Y 集团或其控股子公司，其中按法律条款设计安排，视 GP2 为基金的实际控制方，将基金纳入 Y 集团的可并表范围。基金通过投资载体（如信托计划）投资 Y 集团下属优质资产的收益权。基金存续期间，通过优质资产的收益权获取收益。未来通过将该资产装入 Y 集团上市或由 Y 集团回购实现退出。

模式四：“明股实债”基金

常规的“明股实债”业务模式，由集团安排回购或差额补足等退出保障，降低子公司负债率。

通过总结银行的债转股方案可以看出，其涉及的资金并非全部为转股资金，一部分会以低息或长期的债权置换高息或短期的债权，改善企业债务结构，剩余部分且大部分为转股资金，即债务置换与债转股相结合。转股债权是正常债权并以关注类贷款为主，一方面是因为银行要控制风险，拒绝不良贷款，如果企业经营没有问题，又会缺乏债转股动力；另一方面是因为正常债权易于定价。由于债券持有人相对分散，由债券持有人进行债转股的成本较高。因此，在实际操作中，更多体现为债务置换模式，即“留债+可转债+有条件债转股”，而非完全本金债转股形式。被实施企业出现债务违约后，企业与债权主体经过谈判形成“留债+可转债+有条件债转股”方案。债务重组分阶段实施，债务债权双方先对被实施企业的债权进行整体重组，分为留债和可转债两部分，在实施条件满足的情况下，可转债持有人逐步行使转股权。具体到各家金融机构，转股和留债的比例各不相同，主要由各家金融机构的贷款条件决定，具体体现为若企业现金流或者抵押物能够全额覆盖本息，则全部留债；若是信用担保的贷款，则要全额转作可转债，参与的各债权持有金融机构，其转股和留债的比例各不相同，视具体情况而定。整个过程更类似于债务置换，而与真正的债转股存在一定差距。

银行系 AIC 市场化债转股主要投资于转股企业优质资产，大部分情况下是转股企业的子公司。一方面可能是由于集团股东不愿意控股权被稀释，另一方面是因为银行希望降低投资风险，债转股企业一般是资质普通的企业，甚至会存在一些暂时性困难，而投资集团中相对优质的板块，能够确保债权的安全性。银行系债转股不仅是为了资金回报，更多的是为实现母行不良资产的清出。

（2）资产管理公司市场化债转股模式

从银行系市场化债转股模式可以看出，其债务置换是“假股真债加杠杆”的成分更多些，除银行系所推行的债转股模式外，四大资产管理公司也有各具特色的业务模式[133-135]。

从业务上看，传统四大资产管理公司拥有上一轮债转股的丰富经验，深耕相关的行业，储备了一定的人才，同时在上一轮发展中均实现了全金融牌照运营，债转股模式更加灵活多样。从资金价格上看，银行系债转股实质上是“以债养债”模式，如果不以银行理财产品或资管产品的方式，而是以债券的形式融资，其仅能降低转股企业的杠杆率，难以实现降低全社会杠杆率的目的，而其操作得以成功实施的关键也在于资金成本足够低。

当前传统资产管理公司受制于融资市场资金成本低等因素，难以操作债务置换，即以低利率资金替代原有高利率资金，同时债转股业务投资期限长、长期资本占用高，资产管理公司由于大额资本消耗，核心一级资本充足率承受较大压力。同时按照监管要求，资管产品资金端与项目资产端期限应匹配等因素导致债转股业务的开展更强调专业化难度，同时传统资产管理公司存量股权资产配置的规模受近年来股权资产处理步伐加速的影响而逐步降低，由于经济转型和产业更迭的变化，资产管理公司对股权资产配置需求也逐步加大。因此，传统资产管理公司在实施市场化债转股中应差异化、综合化地服务客户。

传统资产管理公司市场化债转股模式从基本原理出发，属于股权并购。股权并购是指通过并购目标公司的股权实现并购目的，而资产管理公司市场化债转股属于承债型并购模式，其转股模式主要形式是“股债结合”，转股方式包括收债转股、以股抵债、发股还债、可转债、优先股等。市场化债转股如果是以股抵债及股权转让，将不改变目标公司的股权结构，但股权受让方需对标的股权存在的出资瑕疵承担连带责任；如果采用收债转股、发股还债、可转债等方式，在一定程度上会稀释、摊薄其他股东的股权，导致目标公司股权结构发生改变。通过衡量传统资产管理公司的综合优势及行业原有专业优势可知，传统资产管理公司债转股着眼于存量股权资产，与其他的处置手段结合，形成更立体丰富的市场化债转股模式。

模式一：存量股权追加投资+转股

资产管理公司于上一轮政策性债转股中获取大量的股权企业客户，虽然在之后通过多种处置手段实现退出，但留存了部分存量股权企业作为资产管理公司长期股权配置的基础，这也是资产管理公司稳定的利润来源之一。在对存量股权企业的日常管理中，资产管理公司可以获得良好的投资机遇。大致来看，存量股权企业大部分属于国有企业，其基本隶属当地政府及国资委管理，对企业向好发展有强烈需求。通常，资产置换、主辅业分离、IPO 择机上市等情形下股权投资的风险性低，投资收益较高，运作期限也较短。如图 6-1 所示。

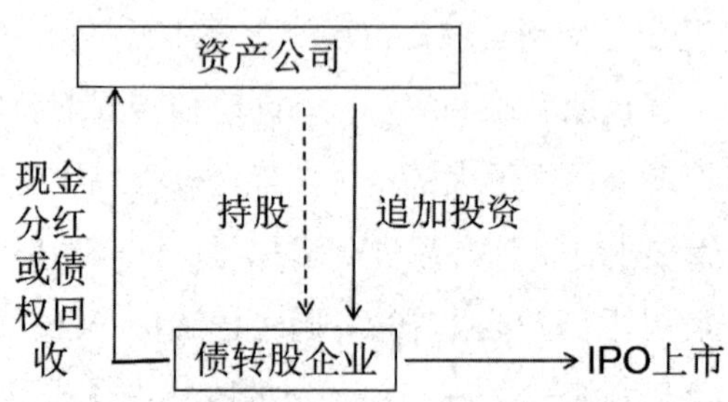

图 6-1 存量股权企业市场化债转股模式

针对上述机遇，资产管理公司抓住机会积极与股权企业沟通协商，并对股权企业追加投资，既能实现存量股权资产的处置，也能获取可观的收益。通常来看，资产管理公司与所持有的股权企业签订追加投资的协定，以所持有的存量股权企业对资产管理公司的分红、资产管理公司的自有资金或募集资金，直接投资股权企业，或者与股权企业合资成立新公司，承接部分原股权企业的优质资产或者双方协商对股权企业的子公司共同出资，最终通过股权企业整体上市或合资公司上市，资产管理公司择机减持退出。

模式二：收购标的公司“存量非金融债权+转股”

资产管理公司通过收购标的公司应付账款或财务公司的债权等方式，再通过债权置换的方式，以已有债权的形式转为标的企业的股权，与标的企业约定债权固定收益，再转股后通过浮动收益退出。总体看来，资产管理公司的收益包括前期债权固定收益、转股期间标的企业评估调整收益，以及退出时的浮动收益。目前，市场化债转股模式通常是收债约定转股时转入标的企业的特定子公司，然后标的企业通过非公开发行新股的方式收购子公司少数股东的权益，实现资产管理公司股权由子公司上翻标的企业，最后通过减持股份退出。如图 6-2 所示。

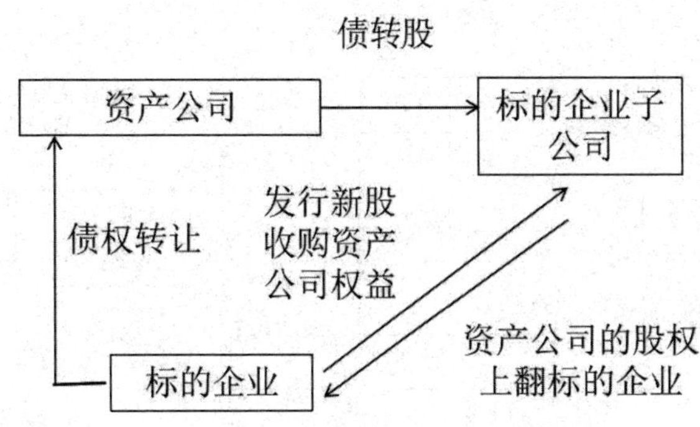

图 6-2 非金收购+债转股模式

模式三：以股抵债+转质押

2018 年和 2019 年为股票质押违约的集中爆发期，为市场化债转股提供了较为难得的窗口机遇期。由于质押股票股价持续下跌，市值收缩，其抵押价值和流动性都大打折扣，参与股权质押融资的金融机构，如银行、信托及券商等存量业务风险或将陆续暴露，相关机构亟须化解风险。2018 年以来，银行资金已经开始重新审视股票质押的业务风险。银行原本认为质押业务有优质抵押物，流动性又高，但后来发现质押股票已经无法作为清算资产，这笔融出资金忽然变成信用贷款。同时证券公司有压缩现有业务规模和提前转移风险的需要，可能会有对外转出债权意愿。从中长期来看，目前资本市场整体估值水平非常低，大量优质上市公司股票甚至控股权亟待接盘，此外，资产管理公司的不良主业需要不断优化资产结构，动态补充优质股权资产，而且以市场化债转股方式持有的上市公司股权具有信息充分、风险权重较低、流动性好的优点。

以股抵债的债转股模式主要适合处于经营困难的上市公司。资产管理公司会收购上市公司实控主体的债务，通常是实控主体对外的应付账款或者财务公司的债务往来款，上市公司实控主体用已持有的上市公司股权抵偿资产管理公司所收购的债务，实现债转股，收益主要来源于上市公司股票上涨后，资产管理公司二级市场对所持有的上市公司的股票退出。如图 6-3 所示。

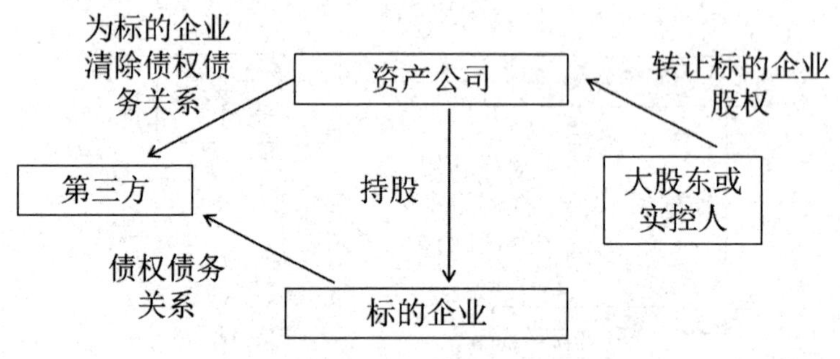

图 6-3 以股抵债模式

对于纾解股票质押风险，可以实施“转质押+债转股”的方式，主要表现为对上市公司的质押股票实施解除质押后，大股东或者实控人与资产管理公司签订允许资产管理公司保留债权转为股权的权利，剥离上市公司非主营问题资产的业务协议。从券商等金融结构承接股权来看，其没有风险拨备，并不愿意以打折形式出让质押股票，宁愿展期，因此可以仿照收购重组类模式中设立重组补偿金的方式来收购质押股票，其业务模式如下：

第一步：转质押的方式解除上市公司的质押风险。

第二步：标的企业承诺对上市公司业务问题资产实施剥离业务，而资产管理公司原债权一部分转为上市公司股权，另一部分受让上市公司的问题资产。

第三步：资产管理公司联合产业第三方对问题资产实施资产重组及公开转让等方式处置退出，资产管理公司持有上市公司的股权，待上市公司剥离问题资产后，公司经营复苏，内在价值修复，股价恢复后减持股权退出。如图 6-4 所示。

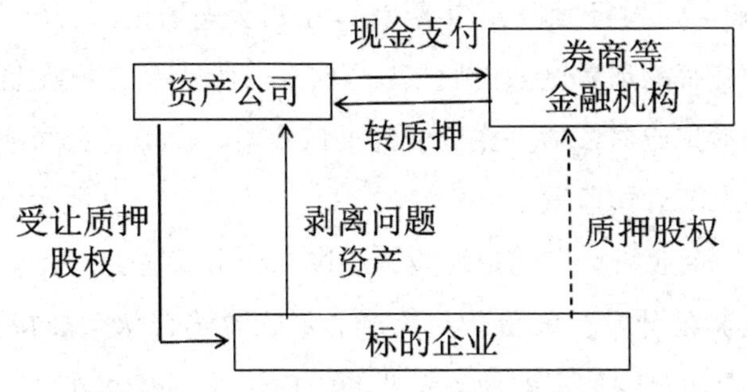

图 6-4 转质押+债转股+剥离问题资产模式

可以看出，分拆非主营的问题资产、聚焦主业是上市公司彻底解除质押风险的关键步骤，因此在对上市公司的投资模式中，其问题资产的重组是纾困股权投资的重要环节，因此将接近平仓线的上市公司质押股票作为问题资产是资产管理公司操作问题资产重组的主要抓手[136-137]。通过上市公司股权资产的重组运作，不仅符合当前上市公司纾困的政策指导，也符合资产管理公司对市场机遇的把握，更利于资产管理公司利用二级市场退出，加快不良资产处置的流动性。

另外，在债转股股权转换为上市公司股票的模式中，为了避免在转股环节与退出环节因股权价格不公允而无法合意的情况，市场中逐步尝试用有公允价值的上市公司股票来替换债转股股权，然后再变现退出。在以债转股股权转变为上市公司股票的操作方式进行市场化债转股的交易流程方面，通常有以下三个步骤：

首先，通过上市公司控股子公司层面进行债转股。合伙企业收购银行等金融机构对债务企业的债权，并按照约定的转股比例与条件转换成债务企业的股权，或者由合伙企业对债务企业进行增资扩股并成为债务企业的股东。增资完成后，债务企业利用增资资金归还其存量银行债务。需要注意的是，上述债务企业的母公司须为上市公司，债务企业为上市公司的控股子公司。

其次，上市公司发行股份并购买资产。上市公司通过向合伙企业发行股份，收购合伙企业持有的债务企业的股权，合伙企业所持有的股权上翻为上市公司股票。以上交易完成后，债务企业成为上市公司的全资子公司或控股子公司，合伙企业持有上市公司股票。

最后，合伙企业所持有的定增股票通过二级市场退出。上市公司承诺在一定期限内通过非公开发行股份购买资产的形式收购合伙企业持有的债务企业的股权，同时合伙企业持有的债务企业的股权转为上市公司的股票。在定增股票限售期届满后，合伙企业通过二级市场出售股票变现退出。但若合伙企业资金到位后并在约定期限届满时，上市公司未能向合伙企业发行股份，则由上市公司或其指定的第三方在一定期限内履行溢价回购义务。

鉴于此次二级市场整体下跌风险对股票质押业务的影响，进一步加深了对减持新规的认识，是否仍把二级市场视为最佳的退出方式存在着一定的思考价值，对公司或企业后续项目的筛选和退出方式都有一定的借鉴意义。

6.4 案例研究

6.4.1 三友资源模式

三友资源模式即“聚焦优质企业+收债转股+扶持企业拓展主业”模式。三友资源是新能源汽车产业链上游龙头企业。受益于国家对新能源汽车产业的大力支持，以及新能源汽车产业自身的快速发展，三友资源把握时机，围绕新能源汽车产业链布局，上拓资源，积极进行海外钴矿、镍矿、锂矿等资源并购，稳固在冶炼方面的行业竞争力，同时向三元前驱体、正极材料，以及资源回收等下游产业链延伸。经过多年发展，形成了“资源开采—有色冶炼—新能源材料—循环回收”的产业生态链布局。三友资源下属有色冶炼子公司上承资源，下启新能源材料，是三友资源生态链上的核心，拥有显著的规模优势和技术优势，提高了三友资源在行业领域中的核心竞争力。

企业出现经营暂时流动性困难与大股东股票质押风险，是企业在快速扩张过程中开展非金融不良资产业务的两点原因。作为新能源锂电池行业的龙头企业，三友资源开展非金融不良资产业务同样也受这两点因素影响，流动性困难主要表现在由于新能源行业的大爆发，三友资源前期开拓上游矿山资源，负债大幅度提升，资产负债率过高。而大股东股票质押风险主要表现在三友控股质押股数占持股数 80%。

1.交易结构

第一步，先由达晨公司通过基金收购三友控股对下属有色冶炼子公司的应收账款，并于当日对子公司实施债权转股权。

第二步，时机成熟时，达晨公司通过资本市场退出，或通过向第三方转让所持有的曲州三友股权退出，或通过转让所持有的基金 LP 份额退出。

本交易通过基金的形式完成，达晨公司通过基金收购三友资源下属有色冶炼子公司对三友控股债务，三友控股以债权转让价款定向偿还质押融资款。

2.项目实施效果

资产负债率有效降低，三友控股股权解除质押风险，同时后续通过综合金融手段（如并购融资等方式）助力企业下一步发展。

6.4.2 华夏股份模式

华夏股份模式即“以股抵债+反向混改+转质押可转换债”模式。华夏股份是国内医药流通行业龙头企业，属于国内上市公司，公司历年经营较为稳健，各项财务指标均取得显著增长，具备持续发展能力。华夏股份迫切开展非金融不良资产业务的需求主要表现在两方面：一是因快速发展导致上市公司资产负债率上升，存在降杠杆需求。二是上市公司增发再融资，大股东也存在降杠杆的需求。

1.交易结构

华信公司收购上市公司控股股东对外的应付账款，同时，华信公司与其进行债务重组约定，约定在收购债权后一定时间内，华信公司有权以持有的对控股股东的债权与控股股东所持有的上市公司的股权通过协议转让方式等值互换，完成以股抵债，成为上市公司持股5%以上的股东。如换股不成，则华信公司持有债权至到期，大股东清偿全部债权本金及剩余重组宽限补偿金，即补足全部债权本金对应的重组收益。

退出路径主要由华信公司通过二级市场减持上市公司股票，若因市场政策发生变化或标的公司自身问题，导致无法完成减持，华信公司有权要求实控股东以某一价格回购华信公司持有的未减持股票。风控措施主要是大股东以上市公司股票作为质押担保，并托管至华信公司下属子公司华信证券。

结构上采用可交债形式，债权阶段实现固定收益，股权阶段实现保底收益和超额收益，华信公司当期能够实现效益和现金流。如图6-5所示。

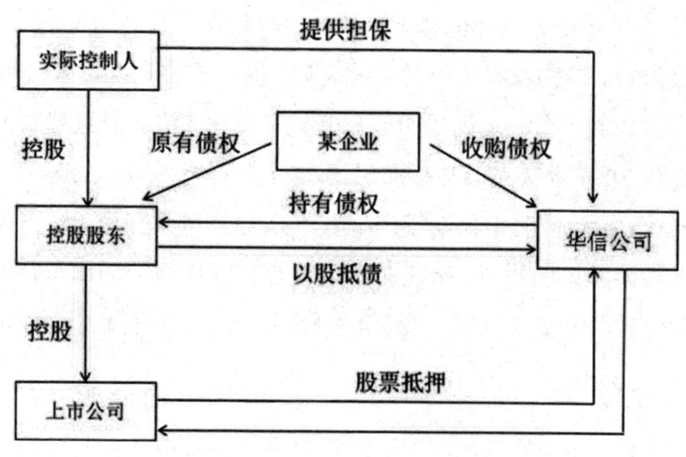

图 6-5 华夏股份市场化债转股模式

2.项目实施效果

双方未来在产业并购、资产重组、低效资产处置、有发展潜力但阶段性亏损资产剥离、上市公司投融资、金融服务等领域进行全方位合作。项目风险可控，在确保固定收益的同时获得大部分超额收益。在本次交易中，华信公司在转股前设定了充分的质押担保措施，转股后设定了保底条款，未来减持完毕后能够确保获得大部分超额收益。项目风险可控，收益可期。

6.4.3 长远股份模式

长远股份模式即“聚焦央企+发股还债+探索公司中长期资产配置”模式。长远股份是 A 集团在新能源、新材料领域的唯一直管企业，主要从事高效电池材料的研发与生产，是三元电池正极材料的龙头企业和三元前驱体的标杆制造商，位于新能源汽车产业链的中游。长远股份作为 A 集团新能源、新材料产业战略平台，2018 年引进战略投资者实施混改，拟下一步推动对接资本市场。长远股份是A集团全力支持的拟上市主体，产品定位于高端市场，有三元复合锂离子正极材料、钴酸锂和正极材料前驱体。拥有核心生产技术，产品质量稳定，市场占有率较高，有稳定优质的客户基础。总体来看，长远股份是市场稀缺标的，有超过30家投资人参与标的尽调，超过15家投资人竞标。

XD公司重新优化中长期资产配置，结合公司原有能源资产配置情况，考虑探索新能源领域的投资。新能源领域重点关注以新能源汽车行业为核心的上下游产业链投资，如上游锂、钴矿的开采冶炼、正极材料及动力电池制造等。

1.交易结构

XD公司以基金的形式，通过产权交易所摘牌方式对长远股份进行增资，增资款项专项用于偿还借款。投资流程为先由标的企业委托中介机构出具评估报告，并经A集团备案，挂牌底价不低于评估备案结果，所有投资者通过竞争性谈判的方式确定，最终实现摘牌。长远股份增资扩股后股权结构图如图6-6所示。

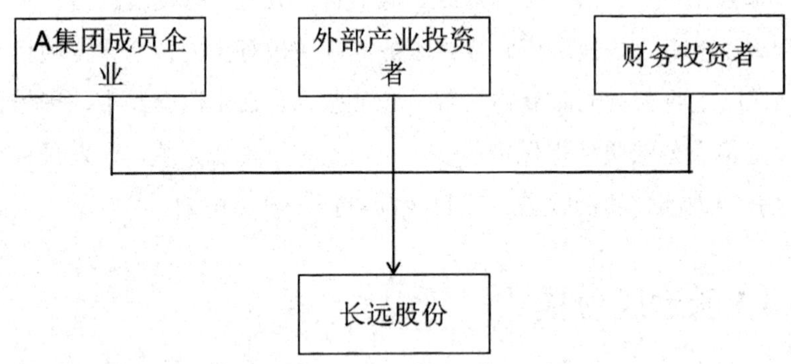

图6-6 长远股份增资扩股后股权结构图

长远股份市场化债转股模式如图6-7所示，退出方式主要有以下两种：

第一种：待上市后通过二级市场减持退出。

第二种：在股权投资锁定期（3 年）结束后，基金将所持企业股权全部转让给第三方。

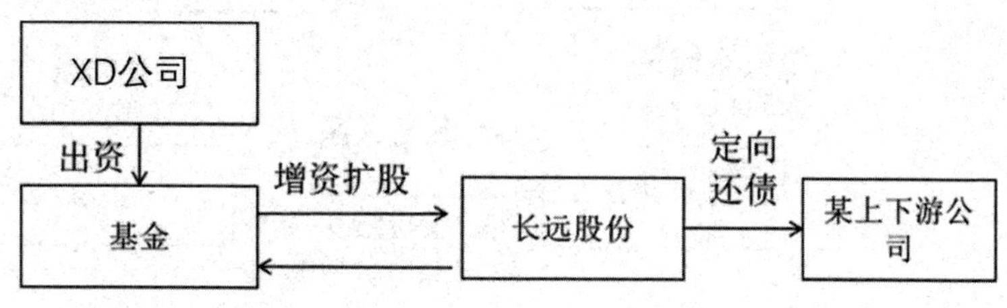

图 6-7 长远股份市场化债转股模式

2.项目实施效果

集团协同优势凸显，完成增资后的工商登记变更历时 7 个月，包括“尽调—公司内部审批—提交挂牌资料—支付保证金—摘牌—竞争性谈判—签订增资协议—工商变更”等环节和阶段。对新能源产业链进行全面了解，涵盖行业专家，企业研发、采购、生产、销售、管理，竞争对手，上下游客户等方面。实现综合收益，XD 资产子公司 XD 资本收取一定比例的基金管理费。。

6.4.4 国铁建设模式

国铁建设模式即“收债转股+关注龙头企业+布局基础设施”模式。如图 6-8 所示。国铁股份拥有一批海外示范性项目。技术水平达到国内领先、世界先进，科研实力强大。目前主业突出，新增订单及在建工程订单充裕。为积极响应国家供给侧结构性改革，做好“三去一降一补”工作的决策部署，支持国铁股份降杠杆，XD 公司作为债转股实施机构，以自有资金收购国铁股份下属两家过渡标的企业债权，择机转为过渡标的企业股权后上翻获取上市公司股权，最后在二级市场实现退出。

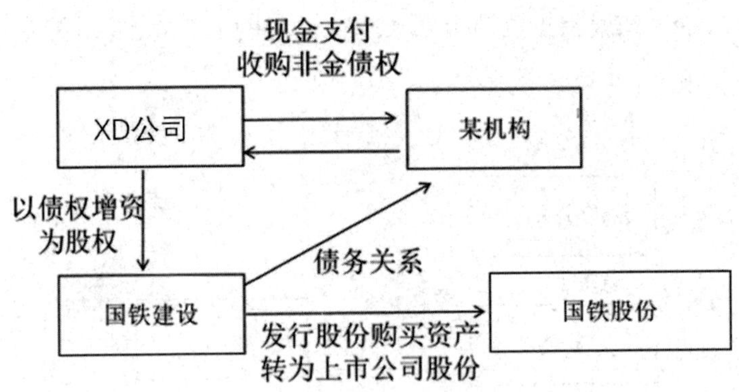

图 6-8 国铁建设市场化债转股模式

1.交易结构

第一步为债权收购：XD 公司与相关债务人及债权人签署关于国铁债权收购协议，获得对国铁建设债权。

第二步为债转股：XD 公司与国铁股份及国铁建设签署相关债转股协议及增资协议，根据企业资产评估备案结果，XD 公司以其持有的对国铁建设债权本金向国铁建设增资，将债权转为国铁建设股权。

第三步为参与国铁股份发行股份购买资产：XD 公司与国铁股份及有关各方签署发行股份购买资产相关协议。国铁股份通过发行股份购买 XD 公司所持国铁建设股权，XD 公司成为国铁股份的股东。

在签署债权收购协议后，XD 公司在付款日之前的债权利息由债务人向原债权人支付。自 XD 公司付款日起至债转股增资日过渡期内，债权资产产生的利息归 XD 公司所有。之后 XD 公司以所持下属国铁建设企业债权本金转为国铁建设股权，两家过渡标的企业最终价值以中国铁路工程集团有限公司评估备案结果为准。此后，国铁股份启动资产重组，在增资日后约定月内完成发行股份收购 XD 公司所持国铁建设全部股权，XD 公司成为国铁股份股东。发行定价取值于某个公告日前 20 个交易日、60 个交易日或者 120 个交易日的中国中铁股票交易均价之中最低的一个均价，在中国中铁发行股份购买资产过程中对中铁三局和中铁五局的评估值以有权机构备案结果为准，XD 公司所持国铁股票锁定期为 12 个月或 36 个月，锁定期满后 XD 公司可通过二级市场出售股份的方式实现退出。如图 6-9 所示。

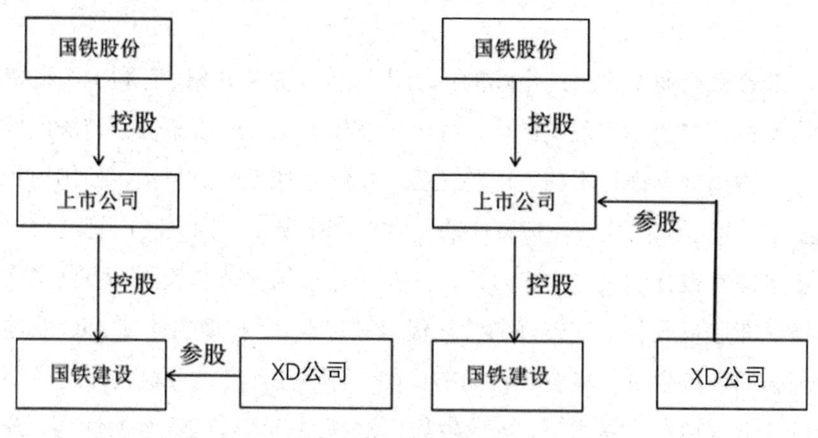

（a）项目交易前（b）项目交易后

图 6-9 国铁建设项目交易前后结构图

2.项目实施效果

参与基础设施龙头企业投资活动，为 XD 公司新添重点基础设施领域的重点客户。标的企业为央企，风险可控，操作规范，保证项目得以如期推进。在二级市场底部转股，确定了未来转股退出的收益有保证。

从模式上看，上述案例既有收债转股，也有以股抵债；从转股主体上看，既有上市公司，也有上市公司的母公司；从转股目的看，既帮助优质企业降低企业杠杆，也帮助企业纾困，解决流动性风险；从退出路径看，基本是以上市成为流通股并减持退出为主，可以看出市场化债转股模式已经成型、成熟。市场化债转股作为不良资产经营机构当前股权投资少有的路径之一，其模式的不断创新可以丰富不良资产经营机构“股+债”的投资策略。

6.5 市场化债转股业务模式思路探讨

非金融企业不良资产市场的市场化债转股业务开拓，有利于不良资产经营机构不良资产业务实现差异化、特色化发展。上一轮政策性债转股的实施，在于完成剥离国有银行不良资产的任务，化解系统性金融风险，使国有银行“轻装上阵”发展，在政策性债转股的不良资产来源上，四大资产管理公司更多的是承接国有银行的金融不良资产。在新一轮市场化债转股中，不良资产经营机构虽然在股权业务上有较好的管理优势和行业优势，但也面临 AIC 及地方资产管理公司争抢金融不良资产市场的局面，而不良资产经营机构在金融不良资产市场缺乏渠道及信息优势，应探索如何发挥原有债转股经营的优势，开拓非金融企业不良资产市场空间，降低金融不良资产业务市场规模缩小的冲击，实现差异化、特色化发展。

非金融企业不良资产市场的市场化债转股业务的推进，有助于不良资产经营机构更直接、更持续地对接企业间不良资产市场，在客户资源、信息获取、收益回报方面更富有前瞻性及弹性。以往收购处置非金融不良资产重在稳收益、高周转，以资产包为项目单元，而实施市场化债转股可以通过股权日常管理工作增加与股权企业的黏性，增加对企业间不良资产的拓展。同时，相比于对接银行和对接金融资产实施债转股，非金融企业不良资产实施债转股更考验不良资产经营机构对业务开拓的主动性，从业务端消除银行中介对于企业的把控，不良资产经营机构能将债转股方案设计得更富有弹性，实现超额收益。

实施非金融企业不良资产市场的市场化债转股业务，不良资产经营机构应采取更有立体性、丰富性的业务手段，满足企业多样化诉求。从目前 AIC 开展的债转股形式看，其“债务延展”性质的债转股方式可以满足企业的部分需求，即短时间内降低银行的负债，恢复企业信用。但是，大多数企业更希望通过不良资产经营机构清理企业对外的债务，恢复企业在产业链中的经营信用，巩固企业在产业链中的地位，同时对于金融机构的需求不限于降低眼前的债务负担，也需要外部机构参与企业内部规范化治理、为企业业务开拓提供服务。不良资产经营机构只有创新投资手段、丰富投后管理，平衡好退出实现收益与标的企业健康发展的关系，才能满足非金融企业的相关需求。

因此，不良资产经营机构应针对债务违约、上市股票爆仓、业绩大幅“变脸”等风险集中爆发的窗口期，积极筛选优质标的，在平衡好长远利益和短期利益的前提下，战略配置一批受当前经济周期影响小、业务延伸性好、产业影响力大、具有高成长性的优质股权资产。

第 7 章　问题企业和问题资产重组模式

近年来，部分经营方式为债务扩张的实体企业债务危机频发。从破产案件数量来看，2018 年至 2022 年，全国法院审结破产案件 4.7 万件，是 2013 年至 2017 年审结破产案件数量的近 4 倍，涉及债权 6.3 万亿元。从 A 股上市公司情况来看，2022 年共有 46 只股票退市，新增 58 只股票进入风险警示板，62 只股票退出风险警示板恢复正常交易，反映出问题上市公司数量持续增加。虽然政府和各金融机构纷纷采取各类手段改善陷入困境的实体企业的流动性，但仍有不少企业难以脱离经营困境，进而变为问题企业，其所持的一部分资产也成为问题资产。

问题企业通常已经陷入债务困境或经营困境，企业价值不断贬损，单纯依靠自身力量难以走出困境。如果置之不理，大部分企业最终将不得不走向破产倒闭，各利益相关方便会形成实质性损失，风险甚至会通过债务链、价值链、产业链等蔓延，演化成区域风险或行业风险。

问题企业通常自救能力不足，需要借助外部力量化解风险。通过支持企业并购重组，既能为其注入新的资源，也能腾挪空间实现化险。由此看，我国问题企业和问题资产的投资处置尚处在发展初期，其潜在规模大，具有良好的市场前景。

从政策导向看，国务院办公厅《关于进一步盘活存量资产扩大有效投资的意见》指出，支持金融资产管理公司通过不良资产收购处置、实质性重组、市场化债转股等方式盘活闲置低效资产。银保监会《关于推动银行业和保险业高质量发展的指导意见》提出，金融资产管理公司要做强不良资产处置主业，合理拓展与企业结构调整相关的兼并重组、破产重整、夹层投资、过桥融资、阶段性持股等投资银行业务。这些政策都鼓励大力开展问题企业并购重组业务。根据问题企业的不同特点，既可以对问题企业提供纾困救援，帮助其摆脱困境，也可以支持龙头企业对问题企业并购重组，促进行业结构优化，建设现代化产业体系。

同时，也应认清问题企业和问题资产投资的风险点及其复杂程度，其运作难度远高于一般不良资产。考虑到这两年由于不良资产市场扩容，参与市场主体增多，不良资产包价格攀升，不良资产经营机构，尤其是地方资产管理公司收购不良资产包的风险放大，市场竞争也日渐激烈。随着实体企业问题持续暴露，问题企业和问题资产市场也随即发生逆转，由先前的资产所有者的卖方主导转变为资金方市场的买方主导，是不良资产经营机构拓宽当前不良资产市场的良好机遇。与国外阿波罗投资公司、橡树资本管理有限公司等问题资产投资基金相比，国内不良资产经营机构虽然已具备一定的全流程操盘经验，但对业务模式的研究仍较少。因此，本章对问题企业和问题资产业务模式展开探讨。

7.1 问题企业和问题资产重组的概念及业务策略

7.1.1 概念

1.问题企业

问题企业是指经营或财务遭遇困难的企业，主要为实体企业，其“问题”主要包括：

①财务状况出现异常。例如：资不抵债、收不抵支、连续两年亏损，并且难以获得补充资金来源。

②贷款、债券、票据、应付账款等债务不能按期偿付。

③资产低效或无效运营。如企业涉及重大诉讼、核心资产被查封、大额资金被冻结等。

④意外、突发事件导致的暂时性困难。如遭遇短期流动性问题、资金链突然断裂、债务或权益被要求提前偿付或赎回等。

⑤经营情况出现异常。如主营业务持续萎缩、对外过度投资、产能严重过剩等。

⑥企业管理失效。如内部管理机制失灵、企业市场价值或公允估值长期低于企业净资产等。

⑦其他属于问题企业的情形。

2.问题资产

问题资产是指非金融企业持有的或金融市场交易的，安全性、盈利性和流动性发生显著不利变化但未明确划分到不良范围的资产，主要包括以下三类：

①债务未能按期兑付的企业所持有的不良资产。

②资产所在企业财务状况出现异常，如资不抵债、收不抵支、连续亏损、短期遭遇流动性等问题。

③资产低效或无效运营，如企业涉及重大诉讼、核心资产被查封、资金被冻结、资产坪效远低于市场同类水平等。

3.问题企业和问题资产重组

出现问题企业和问题资产的原因，主要是受到财务、经营，以及重大不确定事件影响。问题资产与问题企业互相联系，问题资产和问题企业重组应通盘考虑运作，单一的业务模式难以修复其价值，因此不良资产经营机构可以联合各方机构，运用多种手段对困境企业的资金、资产、人才、技术、管理等要素进行重新配置，构建新的生产经营模式，帮助企业摆脱经营与财务困境，恢复生产经营能力和偿债能力，实现企业价值再造和提升。问题企业重组退出有多种路径，主要包括上市、协议转让等。需要指出的是，问题企业重组往往意味着原有股东的出局，原有股权无法保障不良资产经营机构的利益，同时在一些由地方政府主导的重组项目中，地方政府也难以为不良资产经营机构的退出提供保障。

问题企业重组大致从资产、资金、人员等方面实施，具体表现形式如下：

（1）产权重组

产权重组是指以企业财产所有权为基础的一切权利的变动与重组。它既可以是终极所有权（出资者所有权）的转让，也可以是经营使用权的让渡；产权转让的对象既可以是整体产权，也可以是部分产权。

（2）产业重组

产业重组是指通过现有资产存量在不同产业部门之间的流动、重组或相同部门间集中、重组，以及通过购买、剥离、出售、置换等方式与企业外部增量资产进行重组，使产业结构得以调整优化，提高增值能力。

（3）资金重组

是指对企业的债权债务进行处理，并且涉及调整债权债务关系的重组方式。资金重组是一个为了提高企业运行效率，解决企业财务困境，对企业债务进行整合优化的过程。

（4）人员重组

包括引进专业人才、技术人才，采取市场化手段、激励约束机制等方式发挥人才或智力作用，改善并提高企业的劳动生产效率。

（5）技术重组

是指通过技术创新、引进先进的技术，以及在原有基础上改变生产工艺等方式，帮助企业提高生产效率和产品质量，从而提升企业的竞争力。

（6）管理重组

是指企业重组活动涉及相应的企业管理组织、管理责任及管理目标的变化，由此产生的需重新确立企业管理架构的一种重组形式。其目的是创造一个能够长远发展的管理模式或方式，帮助企业在激烈竞争的市场环境下更好地生存与发展。

与直接整体操作问题企业相比，问题资产重组操作对信息量、信息可信度、信息透明度的要求更低，操作规模也较小，可以通过实施协议安排有效隔离风险。

根据问题资产类别划分，可以将重组大致分为实物类和非实物类资产收购重组。实物类问题资产主要指以有形资产进行投资，包括地产类（如写字楼、酒店、零售物业、工业地产等），基础设施类（如管道、风电场、炼油厂、机场、公路交通等）；非实物类资产主要指企业经营的具体业务板块、非生产性经营性的板块，以及企业的金融资产。

若按照重组方式分类，则主要包括机会性重组和整合性重组[138-140]。机会性重组是指把握不同行业中稍纵即逝的机会，对问题资产实施低成本的重组，并通过强大的运营管理能力将其整合上市或者出售获利。这种机会可能出现在有良好发展前景但陷入困境的企业、大集团非核心业务、资产状态一般但能与现有资源整合的企业等领域，该策略的核心是获取标的资产的经营管理权，并通过积极经营管理，帮助其摆脱困境，最后通过市价退出。整合性重组是指可以与基金现有资源整合重组，该策略需要主动寻找潜在的能与现有资源整合的标的资产，通过发挥协同效应大幅提高原企业的价值。海外特殊资产基金往往根据以往投资的企业或者拥有的行业资源去寻找收购对象，并通过业务整合，成立一家在行业内部具有较强优势的公司。

机会性重组和整合性重组中，前者在于等待市场机会，后者在于主动寻找符合现有资源的标的问题资产。在实际操作中，不良资产经营机构更适宜采用整合性收购模式，主要原因是不良资产经营机构作为金融机构，其优势领域为全牌照综合性金融服务，对产业具备一定的理解和操作经验。从政策方面分析，我国政策并不鼓励，甚至限制金融机构对实体企业干预过多。在当前市场领域中，整合性收购更适宜不良资产经营机构实际操作。

可以看出，问题企业和问题资产的投资根本，在于清除问题企业和问题资产债务，实现资源整合，激活问题企业和问题资产，简而言之就是“问题企业和问题资产+不良资产经营机构（金融）+产业方”。对于问题企业和问题资产重组的思路如下：

第一步，在问题企业和问题资产的前期运作阶段，涉及理清存量资产原持有人、债权人，以及对转让后持有方利益的再调整和再分配。在此过程中，各参与方势必要相互博弈，谋取各自的利益最大化。不良资产经营机构通过有效梳理安排参与方的角色和利益，深入考虑资产方、产业方和资金方在角色分配、介入节点、资金使用、获利模式、持有周期、退出节点等方面存在的错配因素，不良资产经营机构应整合各方诉求，兼顾各方利益，各施所长，寻求多赢，产生合力。

第二步，当问题企业和问题资产各方持有者的利益诉求得到满足后，不良资产经营机构就应识别标的企业及资产价值，以“产业+金融”的模式对问题资产实施重组，由不良资产经营机构和产业方，即由实体产业公司组建联合重组方。资金方发挥资金、牌照优势，解决企业负债、资金不足等问题，以财务投资人的角色为主；产业方主要发挥资产价值甄别，输出专业操盘团队的作用，对资金、人才、技术、管理等重新配置，构建适宜盘活问题资产的生产经营模式，实现问题资产价值再造和提升。

第三步，不良资产经营机构在保证投入资金安全的前提下，获取稳定的收益，并实现资金退出。

7.1.2 问题企业与正常企业在并购重组上的区别

相较于正常企业并购重组，问题企业的并购重组目标不同、困难更大，需要更强的专业能力支持。

1.问题企业并购重组的核心目标是价值修复

正常企业并购重组的目标主要是做大做强，而问题企业并购重组的核心目标是改善持续经营能力，实现价值修复，保护债权人、员工、供应商、股东等利益相关方的权益，推动化解金融风险，维护社会稳定。在并购重组前，问题企业的市场价值可能远低于正常经营时的价值。因此，问题企业在并购重组过程中有较大的价值提升空间，也能吸引一批具有专业能力的战略投资者和财务投资者参与。在并购重组中，问题企业的价值修复和提升主要依靠以下几个方面：

①通过债务重组优化资产负债结构，摆脱沉重债务包袱，恢复正常经营。

②并购问题企业后，通过改善治理、内部协同、降低成本、提升效率、整合产业链等方式创造价值。

③通过调整战略、行业重组、资本运作等方式，支持企业做大做强。

2.问题企业并购重组难度较大

与正常企业并购重组相比，问题企业并购重组面临更大的困难。具体表现为问题企业并购重组具有很强的时效性，每推迟一天都会给企业和利益相关方造成损失，这就要求利益相关方需要在较短时间内就并购重组方案达成一致。若问题企业深度陷入债务困境，那么此时投资方在并购重组中不仅需要与股东谈判，还需要与问题企业债权人，特别是持有较大比例债权的债权人谈判，加大了谈判难度。

问题企业并购重组的一个核心难题是标的资产价值评估。由于问题企业经营不正常，其历史数据失真或参考性有限，估值时需要考虑其资产修复后的价值，同时也不能忽视修复成本、修复时间和修复风险。问题企业股东、债权人与投资者之间对于估值可能产生很大分歧，可以考虑使用分期支付、业绩对赌等交易结构化解分歧，促成并购重组的实现。

3.问题企业并购重组需要强化风险管理

与正常企业并购重组相比，问题企业并购重组面临更多风险。问题企业财务数据可能与真实情况有很大偏差。例如，公司治理失灵可能导致问题企业对重要资产的掌控能力减弱，也可能存在未发现的表外负债，或有诉讼，甚至欺诈性转让。如果在并购重组过程中未充分发现这些风险，就会导致投资者承担预期外的损失。因此，投资者一方面需要在投资前充分尽调，另一方面在交易方案中也应设计相应条款，有效规避有关风险。另外，在并购重组完成后，问题企业的整合和价值修复难度也远远高于正常企业。价值修复需要一定时间，在此期间，宏观形势、行业格局等可能发生重大变化。因此，投资方在投前尽调估值时需要充分考虑到投后风险，并制定措施以防范相关风险。

7.1.3 资产管理公司支持问题企业和问题资产并购重组的策略

1.债务重组，以时间换空间

对于具有内在价值、自身经营能力尚好，但因外部因素陷入短期流动性困难的问题企业，可利用债务重组助其跨越周期，包括减免利息、展期债务、债转股等。需要注意的是，单纯的债务重组只有在问题企业的业务模式与商业逻辑可持续时才能发挥较好作用，否则可能会导致债务风险进一步累积，问题企业有可能进一步劣变为“僵尸企业”。

2.存量盘活，恢复核心资产价值或注入新的核心资产

部分问题企业陷入困境的主要原因是多元化发展失利，核心业务受到拖累。此时，可以通过剥离低效无效资产，将更多的资源投向核心资产，恢复其盈利能力。

部分问题企业的主业与多元化扩张的辅业都不具备发展前景，如果企业仍具有无形资产价值，可以考虑向集团内部或者外部注入具有发展前景的资产。对于问题上市公司而言，这种情况较为常见，可以帮助问题企业先进行内部重组，支持外部投资者通过并购重组实现借壳上市。

3.联合产业投资者开展“债务清理+股权并购”

产业投资者出于业务扩张、产业链整合等需要，对问题企业的部分核心资产可能有并购需求。通常情况下，若产业投资者直接进行股权并购，是难以承

受问题企业沉重的债务负担的。尤其是在宏观经济下行或行业低迷时期，龙头企业本身也面临资金困难，但此时正好是并购重组的最佳时期。不良资产经营机构可以通过多种方式收购并处置问题企业债权，支持产业投资者对问题企业进行低成本并购重组。在重组过程中，问题企业债权人可能会面临短期损失，但通过并购重组可以加快问题企业恢复正常经营和偿债能力，债权人可以考虑通过债权展期、债转股等方式分享并购重组收益。

4.联合产业投资者设立并购基金

资产管理公司联合产业投资者、财务投资者，合作设立并购基金共同投资，既能增强产业投资者的跨周期并购重组能力，分散投资风险，也能发挥基金管理经验。同时，产业投资者长期深耕所处行业，对于标的资产价值有更准确的认识，这也提高了并购重组成功率。问题企业的估值通常较低，但其中仍存在并购机会。一方面，并购基金可以先收购问题企业或其核心资产，再进行一段时间的价值修复和提升，在时机成熟时出售，获取回报。另一方面，并购基金也可以通过收购问题企业或其核心资产，帮助龙头企业打通产业链上下游，先通过并购基金进行并购，后续择机装入产业集团，实现并购基金的投资退出。

5.通过“并购+拆分处置”尽早出清风险

对于一些不具有发展前景，也没有无形资产价值的问题企业，尽早实现出清能够最大程度地保护相关方权益，降低社会成本。破产重整或者破产清算是实现“僵尸企业”出清的重要手段，但破产程序相对较长，同时需要社会承担破产成本。资产管理公司可以加强与地方政府和投资平台的合作，及早介入问题企业，通过结构化方式并购有效资产和业务，清理低效无效资产，实现问题企业的市场化有序退出，优化配置经济社会资源，助推经济社会高质量发展。

7.2 并购融资模式

想盘活问题企业的问题资产，为其注入流动性，就要促使问题企业的问题资产复苏。因此，不良资产经营机构作为财务投资者，在问题企业和问题资产重组过程中扮演好资金方的角色尤为重要。目前，我国融资市场的融资体系仍是以银行直接融资为主，其信贷体系难以对问题企业的问题资产实施融资，因此不良资产经营机构应充分利用融资市场差异化的机遇，通过收购一揽子债权、股权等方式，为问题企业和问题资产改善财务困境，增强信用环境。

问题企业和问题资产摆脱财务困境后，应当重新恢复自身造血能力，才能形成充裕的现金流，偿还不良资产经营机构的资金投入。从历史经验看，并购重组有利于重新分配资本并提高资产的使用效率[141-144]。首先，从世界公司发展历程看，50%以上的世界 500 强企业并购过其他公司或者被其他公司收购过，并购在总体上提升了企业经营效率。其次，并购活动能显著提高目标公司的产能[145-148]。以强化同一产业规模效应为目的的并购，能显著提高目标公司的整体营收或现金流，增强其在产业链中的话语权和在行业领域内的博弈空间，提升企业的经营能力。最后，并购活动能有效纠正市场错配资源。因此，对问题企业和问题资产展开并购重组有利于激发其活力，实现经营复苏。

根据我国有关监管政策的要求，从事投资业务的不良资产经营机构，尤其是资产管理公司，不得战略性参股或者控制实体企业。因此，美国等国家的不良资产经营机构运用主动控制策略来寻求对问题企业和问题资产的重组方式，对国内不良资产经营机构是没有借鉴意义的。面对类似的市场机遇，不良资产经营机构联合产业龙头企业对标的企业或者标的资产实施重组是重要方式。

问题企业和问题资产的投资标的有两类，第一类主要是企业因非主营业务陷入困境或者受行业周期和宏观经济环境影响，主营业务陷入困境，但企业核心价值优秀；第二类主要是企业虽然陷入困境，但实物性资产仍具备良好价值。

并购融资交易模式分为以下几个步骤：

第一步：不良资产经营机构介入问题企业和问题资产的债权、股权理清工作，确定原股东方、债权方等关联方的利益，引入产业方并设计合理方案，满足各方利益诉求。

第二步：由不良资产经营机构、产业方共同出资成立基金，由该基金收购标的问题企业、问题资产股权、债权等，不良资产经营机构为基金优先级，产业方为基金劣后级。

第三步：产业方深度参与并经营标的企业或资产，不良资产经营机构对后续重组事项持续提供金融服务。

第四步：标的企业或者资产独立上市，产业方通过旗下上市公司增发股份，收购标的企业或资产，不良资产经营机构实现退出。

具体细节如图 7-1 所示。

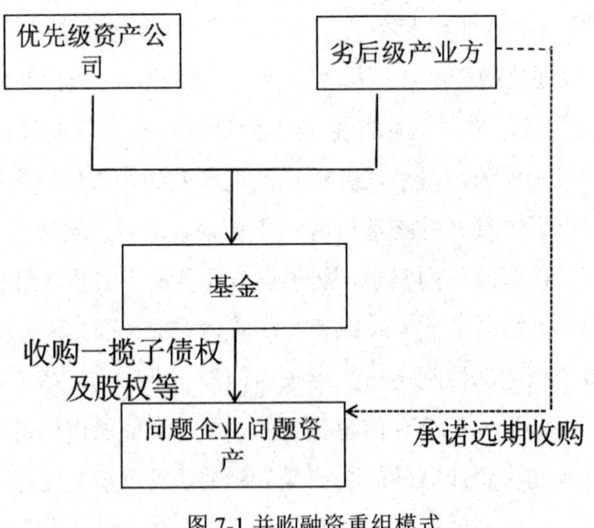

图 7-1 并购融资重组模式

不良资产经营机构对问题企业和问题资产的并购融资是实现差异化的融

资路线，相对于依据银行信贷思路的融资方式，不良资产经营机构应考虑问题企业和问题资产的风险程度和风控措施，更应站在问题企业和问题资产价值修复的角度，以产业发展整合的视角去开展项目。同时，问题企业的并购融资逻辑与传统股权投资融资并不相同，首先应确认重组核心，即以“价值发现”“价值修复”为基准，更注重企业本身的内生增长动力、主营业务的增长空间。传统股权投资看重成长性和盈利能力，相比之下，问题企业和问题资产重组更看重流动性和价值修复。

值得注意的是，当前在“地产纾困+地方政府化债”的形势下，并购融资模式在地方政府或地方国有企业牵头的房企纾困中运用较多。当前的房企纾困基金主要是由各地政府或地方国有企业牵头，考虑到一般的社会资本对资金成本的要求，以及对市场的消极预期，一般的市场主体参与纾困基金的动力普遍不足，目前的房企纾困基金主要由资产管理公司等机构出资为主。纾困基金并非普遍适用，而是有针对性地救助能产生收益的项目。

目前我国多个城市均已联合当地资产管理公司、地方国有企业及城投平台组建纾困基金，参与属地项目的债务纾困。在实际运作时搭建“母子基金”，优选未来销售收入能覆盖项目投资、净资产较高的项目作为底层标的。先对该类“值得一救”的项目纾困盘活，在产生流动性后，再督促危困房企将资金专项用于缓解前期投资的、已停工的、月供的楼盘所存在的资金问题，产生杠杆撬动效应。

7.3 反向收购模式

从问题企业和问题资产投资标的上看，除经营类及实物类的问题企业和问题资产外，还包括在二级市场连续亏损的公司或 ST 公司。2019 年以来，随着科创板、创业板相继“开闸”，以及全面注册制落地，A 股上市公司数量从 3757

家增长至2023年上半年末的5223家，新股发行数量激增。IPO排队“堰塞湖”问题一度得到明显解决，从2018年初的500多家，下降到2019的260家，但2020年至2022年，我国A股IPO排队企业数量明显回升，保持在900家左右，2023年IPO收紧后，IPO企业的受理数量、上市企业数量均出现不同程度的下滑，终止上市的企业数量则明显增加，IPO排队企业数量下降至766家，依然显示出企业对于资本市场融资的热情和渴望。从上市融资需求、二级市场供给现状，以及成熟资本市场经验判断，通过二级市场问题企业和问题资产介入反向收购市场的机遇长期存在，而且相较传统IPO而言，反向收购在标的估值、交易操作性、成本等方面更具相对优势。

通常来说，反向收购是非上市公司以现金购买方式取得壳公司的实质控制权，然后让壳公司定向发行股票来收购非上市公司或其相关资产，以此完成将上市的过程。相比正常IPO而言，反向收购免去了IPO的排队时间，以及等待上市过程中可能存在的市场不确定因素。挑选壳公司时，通常可以从以下条件判断其是否为优质资源：

①所有制。相对而言，央企或地方国企上市主体更透明、内部管控风险较少、纠纷较少。一般需要完成交易所挂牌及国企剥离等正常流程，相对安全，但部分企业可能涉及后期人员重组，即国有企业员工处置问题。

②规模。上市公司市值规模决定收购成本。

③干净度。主要包括上市公司相关资料可获取及真实可靠，债务清晰，纠纷少、亏损小，与上下游企业、集团关联企业及相关融资方关系清晰，收购风险较低。

④主营业务。上市公司主体与拟装入上市公司的优质资产业务、主营业务相近，符合相关监管规定，审批难度低。

7.3.1 反向收购的主要业务模式

1.股权转让+资产置换

（1）股权转让

拟借壳上市的企业与壳公司原控股股东签署股权转让协议，以现金作为对价，购买壳公司原控股股东所持有的壳公司股份。此步骤是为了确保借壳方能够获得壳公司的控制权，为后续的资产置换奠定基础。

（2）资产置换

在成功获得壳公司的控股权后，借壳方将启动与壳公司的资产置换程序。在这一环节中，借壳方会收购壳公司的原有业务及资产，并将拟上市的核心业务及资产注入壳公司中，作为收购壳公司原有资产的对价。资产置换不仅可以实现借壳方与壳公司业务的快速整合，同时也能为壳公司带来新的发展动力和市场竞争力。

2.股权转让+增发换股

（1）股权转让

拟借壳上市的企业与壳公司原控股股东签订股权转让协议，以现金为对价，购买壳公司原控股股东所持有的壳公司股份，从而获得壳公司的控制权。这一步为后续的增发换股和资产整合打下了坚实的基础。

（2）增发换股

在成功控股壳公司后，壳公司将向拟借壳上市企业的全体（或控股）股东定向增发新股，用新股换取拟借壳上市企业的股权。这个步骤将帮助壳公司和拟借壳上市企业实现资本和业务的进一步整合。

（3）资产清理与重组

为了使借壳上市更为顺利，壳公司将其原有的业务及资产出售给原控股股东，后者以现金为对价收购这部分资产。通过这种方式，壳公司可以为拟借壳上市企业的业务留出空间，同时也利于后续的业务发展和市场拓展。

3.资产置换+增发换股

（1）资产置换与增发新股

壳公司将其全部业务和资产转让给拟借壳企业的控股股东。为了完成资产置换，壳公司同时向拟借壳企业的控股股东增发新股，以换取其所持有的拟上市企业股份。

通过这种方式，拟借壳企业的控股股东将获得壳公司新发行的股份，而壳公司则获得了拟上市企业的业务和资产，为下一步的资产重组和借壳上市打下基础。

（2）资产重组

在资产置换和增发新股的基础上，拟借壳企业的控股股东将获得的壳公司原有业务和资产转让给壳公司原大股东，以换取后者所持有的壳公司股份。在这个过程中，如果存在资产和股份价值的差异，双方可以通过现金来补足差额，确保资产交换的公允和合理。

通过这种资产重组的方式，壳公司原大股东和拟借壳企业的控股股东实现了资产和股份的互换，完成了借壳上市前的重要准备工作。

4.资产出售+增发换股

中国A股借壳上市的常见策略之一。通过有序、明确的操作流程，为拟借壳上市企业打通了一条快速上市的通道。该方案的核心在于壳公司的资产清理与股权结构的重新配置。

（1）资产出售

壳公司将其原有的全部业务及资产出售给控股股东，以现金为对价完成交易。这个步骤的目的是清理壳公司的资产负债表，为后续的资产注入和增发换股做好准备。

（2）增发换股

资产清理完成后，壳公司向拟借壳上市企业的全体（或控股）股东定向增发新股。通过这种方式，壳公司以新发行的股份换取拟借壳上市企业的股权，从而实现拟借壳上市企业的快速上市。

通过增发新股的方式，拟借壳上市企业的股东将成为壳公司的新股东，而拟借壳上市企业的资产和业务也将得到有效的整合和利用。

5.司法拍卖+资产置换

借壳方企业可通过司法拍卖并支付一定对价的方式获得壳公司的控股权，然后再实行资产置换，从而实现借壳上市。

7.3.2 反向收购的步骤

第一步：在上市公司中选择具备上市运作的壳公司，选择壳公司的关键在于厘清壳公司的债务及股东方，应当与进行股权转让的法人股及资产方沟通，最后确定壳公司转让方案。

第二步：取得第一大股东地位后，重组董事会。通过董事会对壳公司进行清壳或内部整合，使其成为产权清晰、无隐性负债的公司。

第三步：向壳公司注入产业方所持有的优质资产，使壳公司资产质量、经营业绩发生反转，显著提升利润，与此同时尽快收回投资。

可以看出，提高产业方优质资产的注入来置换上市公司原不良资产是上市公司扭亏为盈的关键。对于二级市场连续亏损的壳公司，不良资产经营机构可以认定其为问题企业的问题资产，盘活上市亏损公司，提升其资产利用效率也是不良资产经营机构的机遇。对于壳公司的盘活，不良资产经营机构可以发挥自身优势，并通过对接产业方，完成产业方优质资产上市。

7.3.3 不良资产经营机构参与反向收购的流程

具体来说，不良资产经营机构参与反向收购的流程大致分为以下几步：

第一步：不良资产经营机构识别有出售意向的壳公司，并厘清其债务关系。

第二步：不良资产经营机构联合产业方设立基金，通过现金或者资产清偿债务的方式控制标的壳公司。

第三步：壳公司通过二级市场增发股份，筹集资金收购产业方所属的优质资产。

第四步：不良资产经营机构在解禁期后实现资金退出，获取收益。

可以看出，反向收购模式的核心是融资结构化设计，融资的环节主要在壳公司的购买、壳公司对外债权等资产的提前控制、优质资产合并注入上市公司等环节。资产方在收购过程中极少用自己的资金，而是利用不良资产经营机构的资金，实现对上市公司的控制。不良资产经营机构通过产业方的劣后级及优质资产兜底，实现固定收益的风险控制，同时，借助二级市场完成退出。

7.3.4 反向收购的风险点

与传统 IPO 相较，反向收购的风险点复杂细致，主要包括但不限于以下所列：

1.尽职上市调查难以保证细致

壳公司可能存在的未决责任（即诉讼、环境问题、安全隐患和劳工问题）较为复杂，尽管可以通过会计师事务所、法律事务所等中介机构辅助调研，但仍难以完全覆盖上市公司问题点，并且考虑到中介机构以项目运作成功为收费提成的商业模式，其对于标的公司风险点更难以主动发掘。

2.退市风险

壳公司通常经营收入和经营净利润都长期为负，存在退市风险，如果反向收购运作并没有如期收购并装入上市公司，可能被强制退市，对参与各方的风险都极大。

3.监管风险

壳公司通过反向收购后会实现价值重估，公司价值会发生本质性变化。如果参与各方没有对整体交易严格保密，那么在市场了解到并购信息后，壳公司股价或将出现大幅波动，遭到相关部门监管，阻碍项目收购顺利推进。

4.投资风险

反向收购在本质上也是杠杆性收购。对参与收购的金融机构而言，其既是方案设计方也是出资方，项目实现本金和收益回收，主要包括持股上市公司股价上涨减持退出、产业方还本付息、转让第三方阶段性退出等方式。考虑到底层风险，最核心的还是在于产业方对项目的对赌承诺或连带责任担保。

7.4 问题企业共益债务的投融资模式

当问题企业和问题资产陷入困境时，将进入重整期，仍需继续保留主营业务，以便维持供销条件和员工队伍稳定、保持资产价值，同时为后续重组方的引入及恢复持续经营、提高盈利能力创造条件。然而此时，重整企业基本都陷入债务危机，处于资金链断裂的边缘，在企业主要资产处于随时可能被查封、持续经营能力存疑的情况下，其信用下降，对外融资能力也急剧下降，需及时补充运营资金，解决其融资难的问题，避免企业价值持续减损。共益债务的投资成为当下一种新的投资方式，其相对的受偿优先权的特点受到广大投资者青睐。

7.4.1 共益债务的相关概念

1.共益债务

共益债务，按字面意思理解，即为了共同利益所负的债务。由于此共同利益发生的时间点需在人民法院受理破产申请后，也就是说，此时的企业面临着破产危机，债务人资不抵债，无法清偿到期债务，债权人的利益受到严重损害，所以这里的共同利益指的是破产企业和所有债权人的共同利益。破产案件被受理后，为了增加债务人可供分配的财产而负担了一笔债务，这笔债务对现有的全体债权人都有好处，所以称为共益债务。简言之，共益债务就是在破产程序中，为了债权人、债务人的共同利益而负担的债务[149]。

2.共益债务融资

共益债务融资源于重整 DIP 融资模式。DIP 融资模式是一种向处于财务困境的企业提供的特殊融资制度，是指在启动破产重整程序后，经债务人申请和法院批准，债务人从企业外部得到独立于公司现有资产之外的资金的融资方式。其起源于救援性融资，即当企业在生产经营过程中，由于流动性或偿付能力出现危机，单纯依靠自身无法摆脱困境，由政府或私人机构向其提供的以救援为目的的融资。重整 DIP 融资模式是指在重整期间，债务人在重整管理人的监督下管理公司、执行重整计划的模式。DIP 融资的核心指导思想是通过制度化设计，最大程度保障融资资金安全。鉴于企业在重整过程中可能存在破产清算的风险，通过赋予 DIP 融资特定的优先权待遇，可以减少融资人的担忧及顾虑，以市场化定价吸引风险投资资金。

在国外的破产重整体制中，美国的 DIP 融资模式理论体系相对成熟、法律实践丰富，具有典型性与可借鉴性。美国从立法角度给予 DIP 重整投资人偿债优先权，规定了 DIP 融资具体的融资优先权设定，以及相应的通知和听证程序，并在法院主持下进行，因此优先权有强制约束力和充足保障。从美国已有的破产企业重整案例来看，近年来私募股权基金、对冲基金的参与程度有所提高，很多对冲基金在投资策略中优先选择 DIP 融资模式。在实践中，超过 60%的企业在完成重整申请程序 30 天内便能够获得融资。

从我国立法理念看，目前已经从个别主体单向保护转变为相关主体利益均衡保护；从最大限度地满足债权人的偿债需求转变为拯救困境企业、均衡各方利益及社会利益。对于陷入流动性困境的企业，《中华人民共和国企业破产法》（以下简称《企业破产法》）提供了重整、和解及破产清算三种选择，鼓励陷入流动性困境的企业选择重整。其中，有关债务人自行管理制度与美国 DIP 制度近似，不同之处在于，我国《企业破产法》仅允许管理人监督下的债务人自行管理，并且为破产重整企业提供了借款融资的重要指引。

3.共益债务的特征及范围

（1）共益债务的特征

相较于一般债务，共益债务具有以下特征：

①时间：发生在人民法院受理破产申请后。

②清偿顺位：由债务人财产随时清偿。

③目的：以维护或增加所有债权人利益为目的。

（2）共益债务的范围

根据我国《企业破产法》规定，共益债务主要包括以下六类：

①因管理人或者债务人请求对方当事人履行双方均未履行完毕的合同所产生的债务。

②债务人财产受无因管理所产生的债务。

③因债务人不当得利所产生的债务。

④债务人继续营业而应支付的劳动报酬和社会保险费用，以及由此产生的其他债务。

⑤管理人或者相关人员执行职务致人损害所产生的债务。

⑥债务人财产致人损害所产生的债务。

7.4.2 共益债务的投融资模式

1.共益债务融资的可行性

《企业破产法》和《最高人民法院关于适用〈中华人民共和国企业破产法〉若干问题的规定（三）》的相关条文确定了共益债务融资的认定标准和清偿顺位。共益债务融资，是破产申请受理后为债务人提供的借款，要经债权人会议决议通过，或者在第一次债权人会议召开前经人民法院许可。债务人为继续营业而产生的借款，是为了债权人的共同利益。共益债务融资款清偿顺位优先于职工债权、税收债权和普通债权，但劣后于既存财产的担保债权和其他依据法律规定享有特别优先权的债权。管理人或者自行管理的债务人可以为该借款设定抵押担保，此时共益债务融资款的清偿顺位因获得担保而优先于破产费用和共益债务清偿，劣后于既存财产担保债权清偿。

特殊情况下，投资人为加大对共益债务融资款的保障，确保其未来能够得到顺利清偿，要求获得共益债务融资款清偿顺位上的“超级优先权”，即优先于既存财产担保债权清偿。“超级优先权”概念源于美国，目前我国相关破产法律制度尚未采纳超级优先权的观点，但在实践中存在用既存财产担保债权人自愿签署的同意劣后于共益债务融资款受偿的承诺书，以及债权人会议表决通过实际赋予共益债务融资款超级优先权的做法。实际上，让有担保权的债权人签署同意承诺书的难度并不小，也有一些投资人选择受让有担保权的债权，然后借款，这样的做法虽然增加了投资成本，但是降低了风险。

2.共益债务投融资的优势

第一，法律并没有明确规定有权参与破产重整的共益债务投资主体必须持有资产管理公司的牌照，这就为很多未持有资产管理公司牌照的投资者提供了参与投资的机会。

第二，以较少的资本，实现项目的快速启动。共益债务投资人可以通过投入较少的资金实现如停滞的房地产项目的续建、续销，即以小资本“撬动”

大项目。

第三，共益债务投资对投资主体未有明确的资质要求。目前，并未有专门的法律规定或者司法解释对共益债务投资主体的资格资质做出要求，这有助于未持有特定金融牌照的民间资本以共益债为媒介，参与到破产重整程序中，获取风险相对较小的投资收益。

第四，无需承担资产过户的税费。共益债务投资模式一般不涉及资产的过户问题，故不必像资产出售式重整模式一样需承担较重的资产过户税费。

第五，优先受偿顺位。我国《企业破产法》规定，共益债务可以被随时清偿，无需申报。共益债务清偿是优先于职工工资、所欠税款和普通债权的，但按照法律规定的顺位，事实上劣后于破产费用及担保债权。

第六，可设置担保来确保交易的安全性。根据我国《企业破产法》规定，在重整期间，债务人或者管理人为继续营业而借款的，可以为该借款设定担保。故而，共益债务投资人可以要求债务人或者其相关方提供抵押担保，为交易期间资金的回收加设安全屏障。

7.4.3 我国共益债务融资发展现状

我国申请重整的公司数量逐年增加，其中既有国有控股企业，也有民营企业，同时有数十家上市公司申请重整。随着我国破产重整市场逐渐成熟，我国众多类型的金融机构，包括资产管理公司、银行系 AIC、券商基金、私募股权投资基金等均是潜在参与主体，但机构行为需要符合现行的法律制度与监管口径。另外，“定向可转债”具有标准化债权类资产的独特优势，是我国 DIP 融资重要的可行工具，能否在适用范围与使用方式上迎来突破与创新值得研究。基于我国转型期的经济与社会背景，同时出于稳定职工情绪、维护企业正常生产经营考虑，我国常由政府、财务顾问、法律顾问等组成主管人主导重整，而不是由债务人主导。这个过程中利用重整制度使企业恢复生产经营的初衷并没有变，可以认为是特定条件下的重整 DIP 融资模式，如“超日模式”，其形式为共益债务融资[150-151]。

我国共益债务融资还未形成规模，也未培育出真正的投资人市场。根据全国企业破产重整案件信息网公告显示，自2017年至今，通过公开方式招募共益债务投资人的公告仅6项，其中涉及标的企业4个（有2个企业发布2次招募公告）。据了解，在实际操作中，部分共益债务投资人是通过政府协调、债委会引荐等方式寻求到的。

7.4.4 共益债务融资资金来源及主要交易结构

1.共益债务融资资金来源

共益债务融资方式主要包括组合借款、资产转让和资本结构调整。与美国DIP融资机制相比略显单薄，更难以形成市场化融资机制。在充分分析融资难题后不难发现，主要的困难在于缺乏资金安全保障，因此，争取外来资金往往是重整成功的重点。主要的共益债务融资资金来源如下：

（1）重整借款

借款的来源包括重整公司的股东、债权人，以及其他投资者。借款利息一般较高，或者需要为借款设置担保。因为如果破产清算，股东将无法获得任何清偿，所以股东会考虑提供贷款。但是，股东会更倾向于由他人出资，或者同其他人共同出资。因为在DIP融资模式下，新入投资者可以对未设担保的财产设定担保，而且享有优先受偿权，这将损害旧债权人的受偿率，从而间接鼓励旧债权人继续提供借款。对于其他投资者来说，其向破产公司投资通常是基于看好公司所拥有的资源，或者看好公司未来发展前景，认为通过专业的资源整合或管理改进，可以提高企业盈利能力，从而得到投资的高收益率。

（2）重整资产转让

通过转让资产或业务等方式获得资金，调整公司经营范围，从而减轻运营压力。

（3）资本结构调整

通过债转股，将债权人的债权与股东的股权置换，从而降低公司债务压力。

2.共益债务融资交易结构

在具体实操过程中，共益债务融资基本有传统型、类证券化型和共益债基金型三类交易结构。

（1）传统型

传统的交易模式法律关系较为简单，只涉及借款人和出借人两方。按照提供资金的相关方，可以分为银行贷款，政府融资平台，政府垫资，供应商赊售，委托贷款，出借人、债权人、重整投资人等借款，建设施工单位垫资续建，企业资金拆借等。

传统型交易结构的优点在于交易结构简单明确，只涉及出借人和借款人，不涉及其他；资金来源多元化，既有政府资本又有社会资本；有利于寻找投资人等。传统型交易结构的缺点也是显而易见的，如未实现市场化、企业融资困难、政府作用发挥不充分、未形成政府拯救基金的常态化支援模式等。

（2）类证券化型

类证券化型交易结构是今年媒体、管理人十分关注的一种模式，最核心的主体是发行人（出借人）、债务人企业、资产交易中心平台和社会投资者，由发行人（出借人）向债务人企业提供相关借款，以该笔借款为基础资产，将其设计成一种投资收益权的产品，并在资产交易中心平台挂牌销售，社会投资者通过资产交易中心平台投资认购。投资收益权产品作为一种类证券化的金融产品，会受到较为严格的监管，还需要第三方中介机构做风险评级、监管银行介入监管账户、资产托管人进行托管、律师事务所出具合规性法律意见。因此各方主体的参与程度都较深。

类证券化型交易结构的优势主要有利于实现利益最大化、最大限度地利用社会闲散资金、发行人多元化、资金利用率高等；劣势主要有交易结构复杂、参与主体多、风险控制难等。

（3）共益债基金型

共益债基金型交易结构目前主要由资产管理公司下设的共益债基金提供借款，该基金可以是一个母基金，母基金下设子基金，子基金会针对项目设立项目基金。在交易过程中，投放资金的投资人需要做好尽职调查、风险评级、财务预算等工作，确定签订条款的细则，最终签订借款合同。共益债基金可以向破产重整企业或重整投资人提供借款，重整成功后可以顺利回笼资金。如2017年10月，我国某机床企业进入破产重整程序，管理人提出在重整期间借助共益债务维持企业经营的方案，获得法院和债权人大会同意。经过尽职调查和相关论证后，某资产管理公司批准了对债务人企业最高额度3亿元的共益债务融资额度。后续根据机床生产订单的需要，逐步投放资金，保证了企业重整前维持生产的需要。

共益债基金型交易结构的优点是交易结构简单、参与主体少、成本低、风险低等；缺点是资金回笼慢、有一定的合规性风险等。

综合分析，目前共益债务融资仍以传统型交易结构为主，既没有政府拯救基金的常态化支援，又没有市场化的融资模式，在实务中融资非常困难。因此，共益债务融资市场并未完全建立，需要法律给予更多的支持，全方位展开优先保障。共益债务融资具有广大的潜在市场，是包括资产管理公司在内的各类投资人重点关注的对象。

3.共益债务投融资风险规避措施

共益债务投融资模式的实践逻辑，主要体现在投资人面向共益债模式可能存在的风险，在实践中，可以采取以下三种措施予以规避：

（1）设定担保

共益债务投资人以设定担保的方式，降低在共益债务投融资中存在的风险。在特定资产上，共益债务的法定清偿顺位劣后于该资产的抵押债权、建设工程款债权、商品房消费者权利等法定优先权，在实务中还有可能劣后于维稳相关债权、政府债权等。因此，投资人在投资前通常会对破产企业的债务情况展开充分尽职调查。结合资产尽调情况，判断债务人资产在覆盖全部优先债权后，能否保障己方投资资金的安全。如果经过审查发现优先于共益债清偿的担保债权金额过大，可能存在无法覆盖共益债务投资的本金及收益的风险时，则会尽可能借助设定担保的方式，要求债务人提供有效的担保。尽管该项设定担保的规避风险措施在《企业破产法》中有明确的规定，但在实践中仍然较为理想主义。这是因为进入破产程序的企业早已负债累累，其资产可能已经经历多轮查封、扣押，存在多个权利负担。若此时共益债务投资人再行设立担保权利，对其投资利益的实现已无实益。考虑到共益债务投资人的利益保障，实践中一般还会要求由债务人的关联方（或其他相关的第三方）提供抵押物担保（或其他的担保）。在此类融资合同中，约定该笔借款优先于破产费用清偿。

（2）争取“超级优先权”

共益债务的超级优先权在美国相关法律中有明确规定，超级优先权有三个授予条件：一是法院在经通知并听审后予以批准；二是债务人无法借助于此方式之外的其他途径获得授信；三是被降次的优先权人的利益获得了充分保护。根据规定，经法院审核认定、穷尽手段无法获得融资且抵押权人的利益得到充分保障的情形下，可赋予新融资超级优先权、抵押权的优先性降次。这需要共益债务投资人与其他担保债权人、建设工程价款优先权人等平等协商，达成一致并取得司法确认后，可获得优先于担保债权人、建设工程价款优先权人等优先债权清偿顺位，确保其投资及收益的安全。

（3）双重程序确认

为确保共益债务被完全认可，会选择经过双重程序确认。要确保共益债务投资优先受偿的合法性在程序上具有更强的确认力度，会经过法院与债权人会议双重程序确认，以确保投资目的的实现。例如在债权人会议前，管理人将破产重整的共益债务投资的具体方案提交至人民法院，征求法院意见后以书面形式体现对该共益债务投资方案的认可，如“复函”“裁定”等。另外，在破产重整程序推进过程中，有关共益债务内容的文件都会专门写上“用于企业持续经营的共益债务投资”“该共益债务投资应被优先受偿”等字样。

不良资产经营机构介入问题企业和问题资产重整过程后，应积极与当地政府沟通合作，展开救援性融资，尽可能地要求地方政府、问题企业和问题资产关联方，为资产管理公司的资金提供优惠条件和优先偿付保证。同时在公开市场募集重整资金，降低自有资金风险，撬动社会资本杠杆为重整问题企业和问题资产，以及社会经济服务。

7.4.5 典型共益债务投资方式

1.共益债务投资项目的选择与筛选

（1）项目类型的选择

首先，优先选择已进入破产程序且破产管理人已基本锁定破产企业对外负债总额（含或有负债）的项目。其次，为了加快项目的推进，解决社会问题、落实维稳工作，项目后续建设可能会涉及土地延期手续、消防规划重新审核、施工许可证变更或重新办理、预售许可证办理等一系列手续，争取与协调税收优惠政策，应优先考虑地方政府重点关注或支持的项目的投资，借助“府院联动”的方式促成各方利益最大化、实现共赢。

（2）项目重组价值及可行性判断

结合市场实际情况、重整成本、社会影响等，在对项目本身经济效益全方面评估的基础上，判断项目是否具有重组价值及可行性。一方面，通过锁定项目的还款来源，测算项目产生的阶段性现金流是否能对借款本息形成超额覆盖并提供较高的安全垫；另一方面，尽量选择前期追加投入资金相对较小、可通过项目自身销售回款滚动开发建设的方式实现整体盘活的项目，即充分判断前期追加投入的资金量占项目重组成功后可变现价值的比值，比值越小，项目投资安全系数越高。

（3）项目运作周期及所处阶段

在项目所处阶段上，优选临近竣工的优质续建类项目，并尽量选择从投资到形成销售，再到现金流回流的周期不超过半年的项目，同时考虑到工程质量及产品接受风险，投资机构会尽量避免选择“大龄烂尾”项目。

（4）项目上既存权利及其顺位调查

充分调查项目上的既存权利及权利顺位，争取共益债投资最优的受偿顺位并获得债权人委员会支持，在债权人会议表决通过的前提下，所有债权人均同意对第三方提供的续建资金产生超级优先权，并得到司法确认。

（5）对共同投资的劣后级合作方的选择

若投资机构为优先级资金，引入劣后级（如拟引入的代建方）共同进行共益债投资时，需充分评估劣后合作方过往项目的运营管理、销售等，并关注其对优先级资金及收益的担保能力。

2.共益债务超级优先权重整投资方案

投资机构与代建方针对共益债权投资部分与股权调整部分，分别设立不同的主体（共益债投资主体和重整投资主体）对项目公司投资，主要的盘活资金由共益债权投资部分支付，用于收购前期的抵押债权、支付欠付的工程款等。由于项目公司已资不抵债，股权价值为 0，股权调整时通常由新设的重整投资主体以较低的价格投入，并 100%持股项目公司，安排风控措施。代建方作为劣后级，出资比例在 20%左右。

7.5 案例研究

7.5.1 美景能源模式

美景能源模式即“不良债权收购+问题资产盘活+优化存量客户”。本项目联合优质存量股权客户（产业投资人），以不良债权收购和市场化债转股为手段，对问题企业进行实质性重组和产业并购。项目包括以下交易方：

山矿集团：中国最早设立的三大煤矿之一，年产原煤 2000 万吨，隶属上东能源集团，核心经营主体是北兴能源。

北兴能源：山矿集团子公司，越达公司持股企业，拥有国内领先的煤炭安全生产和经营管理经验，面临接续资源不足问题。作为产业投资人（股权最终受让人），煤炭资源需求迫切。由于长期托管母公司美景集团下属子公司煤矿，对景源煤矿和美景集团情况非常熟悉。北兴能源技术管理能力强，具备成熟的技术专业队伍，管理能力行业领先，得到美景集团股东的高度认可。财务指标表现优异，偿债能力和盈利能力都较强，明显优于行业均值。

美景集团：煤炭行业大型民营企业，资产负债率逐年走高，面临较大偿债压力，经营现金流紧张。拥有多个优质主焦煤矿井和完整的煤、焦、热电产业链，与北兴能源的业务高度契合，但煤矿的经营管理能力欠缺，急需引入产业投资人。美景集团因资金流动紧张，引发股票质押违约，大量二级市场股票遭有关证券公司售出，面临丧失上市公司控制权的风险。为控制 A 股上市公司，该企业有售出优质资产，缓解资金紧张的需求，具备资本运作的条件。

景源煤矿：美景集团全资子公司，拥有国内非常稀缺的炼焦煤优质资源，利润空间较大，生产条件好，地理位置优越，公路铁路交通运输方便，运输和市场有保障。但因美景集团无力向其提供建矿资金而暂未投产，处于建设期。

越达公司为促进北兴能源的长期可持续发展，联合山矿集团在全国范围内协助北兴能源寻找优质煤炭资源，景源煤矿是北兴能源非常看好的资源，但沟通多次都未能找到合适的切入契机。美景集团某笔债权即将到期，却无力偿还，而此项债权的担保措施中，核心资产是景源煤矿 100%股权质押和采矿权抵押。越达公司以债权收购为切入点，通过以股抵债获得景源煤矿股权，再与北兴能源展开建矿及生产管理合作。

1.交易结构

第一步：债权收购。越达公司收购美景集团及其关联企业的不良债权资产包。

第二步：以股抵债。越达公司通过以股抵债获得美景集团持有的景源煤矿部分股权。

第三步：股权同步转让。越达公司同步将持有的景源煤矿股权转让给北兴能源，北兴能源支付首付款后，分期支付余款并支付资金占用费。

第四步：实质重组。北兴能源获得景源煤矿股权后，负责景源煤矿的建矿和生产经营管理，对景源煤矿进行实质性重组。剩余债权重组或对外转让。

越达公司与美景集团、北兴能源共同签署股权转让协议（包括以股抵债和股权转让两部分内容），作为上述交易的唯一法律依据。山矿集团为北兴能源收购股权提供连带责任担保。北兴能源以其持有的景源煤矿的股权为剩余股权转让价款提供质押担保，自股权过户到北兴能源之时质押协议生效。

2.项目实施效果

景源煤矿处于建设期，最近一段时期的净资产均为负数，因美景集团无力提供建矿资金导致项目停产多年，可视为美景集团的问题资产。对于景源煤矿的重组活动，涵盖了产权重组、资金重组、人员重组、技术重组和管理重组。

越达公司内部参与机构众多，运用丰富的综合金融手段，实现综合收益。支持煤炭龙头企业实现横向兼并和资源整合，实现转股即退出，支持民营上市公司控股股东纾困，有效防范和化解风险，收获较为可观的投资收益。

7.5.2 珠海鑫光重组模式

珠海鑫光重组模式即“破产重整+改造壳资源+注入优质资产”模式。对于特定的问题企业，其经营已经彻底停滞，价值难以修复，但是其尚存的上市资格、金融牌照、特许经营权等特殊资质将是重获新生的“最后一根稻草”。投资机构可以用较为低廉的价格获取股权，并利用破产重整等操作手段改造，使其成为无资产、无负债、无人员的净壳，然后通过变卖股权或重新注入优质资产等方式实现企业特殊资质的价值。部分拟上市公司为节约 IPO 排队的时间成本，支付更低廉的壳价格，谋求借道“老三板”企业登陆资本市场，先报证监会，以非上市公众公司并购重组的标准进行审批，再向沪深交易所提出重新上市申请。

“老三板”企业珠海鑫光在早年陷入困境，连续亏损后退市，随后停止经营多年，资产基本均已被债权人申请进行强制处置。

1.交易机构

按照重整计划草案，珠海鑫光的全体股东同比例缩股 25%，在缩股后法人股东先同比例共同无偿让渡共计 750 万股，用于支付重整费用及共益债务等重组成本，对支持重整计划的职工债权人予以适当的奖励。另外，法人股东无偿让渡其剩余持有股份的 65%，流通股股东无偿让渡其剩余持有股份的 25%，其中 117 134 575 股用于吸引产业重组方注入优良资产，剩余股票用于向已确认债权人进行清偿，为未确认债权、未申报债权确权后的清偿责任预留。如图 7-3 所示。

对于职工债权、税款债权，以及重整费用和共益债权等优先债权，以财务重组方提供的现金，以及珠海鑫光现有资产的变现资金全额偿付；普通债权则按 2.17 元/股的价格以股票抵偿，同时财务重组方提供现金选择权。财务重组方向债权人代付的现金由全体股东让渡的股票按 2.17 元/股的价格以股票抵偿。

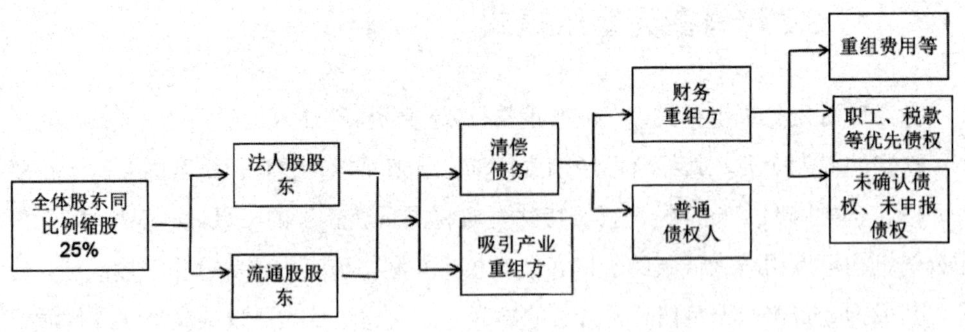

图 7-3 珠海鑫光重组模式

2.项目实施效果

财务重组方以代偿债务换取企业股东让渡的股权，并经重整程序将企业改造成净壳，试图引入有实力的产业方注入资产，待重新上市后再在二级市场交易退出。财务重组方以珠海鑫光持有的特殊资质为核心，对珠海鑫光的剩余价值做了充分的挖掘和实现。

7.5.3 东盛科技重组模式

东盛科技重组模式即“债务重组+受让公司股权+优质资产兜底”模式。以中国长城资产管理股份有限公司（以下简称长城资产）对东盛集团有限公司（又称东盛科技）的债务重组为例，上市公司东盛科技因大股东占用资金及担保单位破产而陷入财务危机，但拥有广誉远 95%股权等优质资产。

1.交易结构

2012 年，长城资产收购 14 家金融公司债权人对东盛科技享有的债权，与东盛科技及其子公司签署《债务减让协议》，约定免除部分利息债务，以现金偿还剩余债务。

为寻觅上市公司的偿债资金，并解决东盛集团层面的债务问题，东盛科技以 4 亿元的价格向控股股东东盛集团转让广誉远 40%股权，长城资产再以 2 亿元债权为对价，受让东盛集团持有的广誉远 20%股权并约定回购。同时，长城资产以债权为对价受让上市公司第二大股东东盛医药持有的 1220 万股流通股，每股价格为 12.70 元。

2015 年底，长城资产向东盛集团回售广誉远 20%股权并收取相应债务利息，至此东盛系债务已全部清偿完毕，基本实现本金受偿。如图 7-4 所示。

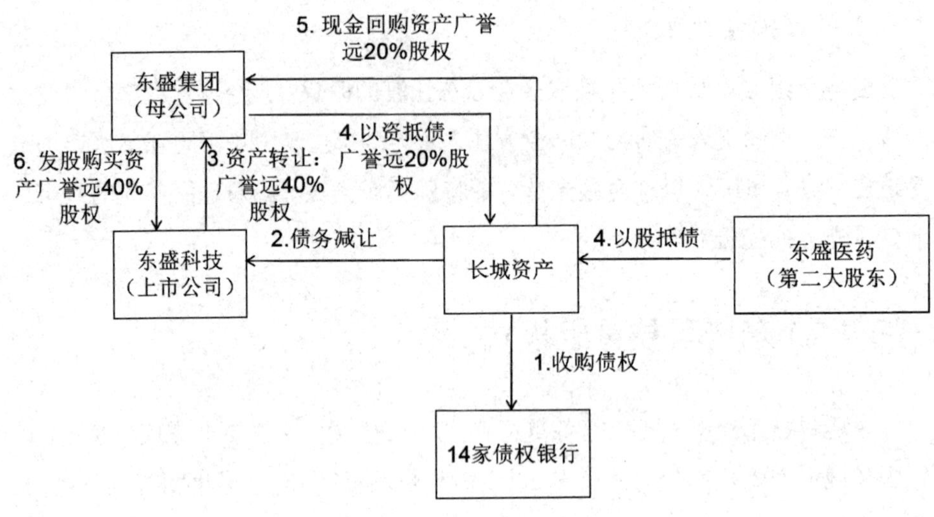

图 7-4 东盛科技重组模式

2.项目实施效果

凭借债务重整取得的初步成效和由此获得的巨额非经常性损益，东盛科技扭亏为盈，轻装上阵后业绩呈现爆发式增长。凭借股票价格的回升，上市公司于 2016 年底以 25.43 元/股的价格向东盛集团等对象发行股票，回购广誉远 40%股权并募集配套资金。2016 年底，长城资产清空了所持上市公司股票，按该季度平均价 33.99 元/股计算，实现增值 167.60%。

7.5.4 观致汽车模式

观致汽车模式即“协助产业投资者+并购融资+创新设计风控”模式。观致汽车成立于 2007 年，自成立以来产品设计、产品品质得到普遍认可，但由于定位偏差、成本较高造成销售不力，汽车业务持续萎缩，产能严重过剩。自首款产品进入市场以来，公司累计亏损 77.37 亿元，仅销售六万余辆。同时，公司银行贷款余额近 40 亿元，巨额债务加剧了公司的财务负担。2017 年初，公司陷入停产危机，原股东对企业后续发展失去信心并将部分股权挂牌出售。当时，观致汽车已无流动资金，企业面临破产危局，上千名普通员工即将失业。

宝能集团是一家涵盖综合物业开发、科技园区、现代物流、综合金融、医疗健康等核心产业及系列附属产业的大型现代化企业集团。宝能集团长期看好汽车产业的发展，认为其具有与自身产业布局协同发展的需求，将汽车产业作为未来集团大制造领域的核心主业，这也是集团未来转型的重要方向。

经过与宝能集团、原股东及相关方的多轮研讨后，XD 公司最终决定采用收购股权加增资的方式完成对观致汽车的控股及资金的注入。此方案既达到由产业投资人控股的目的，同时保留了原股东在公司的话语权，最大限度保证原股东继续将其在汽车领域的资源倾注于观致汽车。

1.交易结构

根据重组计划，XD 公司牵头设立基金，其中 XD 公司认缴出资××亿元，产业投资人认缴出资××亿元，资金通过基金委贷给 SPV，由 SPV 进行支付并购入观致汽车 51%股权，投放增资款。XD 公司联合宝能集团收购并增资陷入停产的观致汽车后，全面调整公司战略，招募新的管理团队，网罗汽车制造业的专家，增加广告投放，提高经销商的奖励政策。观致汽车重组模式如图 7-5 所示。

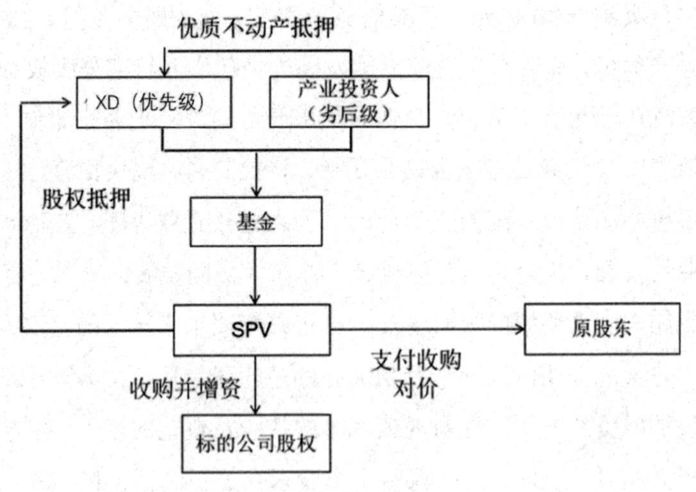

图 7-5 观致汽车重组模式

传统的并购项目通常以股权质押作为主要风控手段，该项目创新地将标的公司与 SPV 股权质押、优质不动产抵押及共同债务人多重风控措施相结合，有效控制了项目风险。

2.项目实施效果

除取得固定收益外，还设置了浮动条款，使 XD 公司有机会分享未来观致汽车估值增长的收益。2018 年，观致汽车产销量已达到自成立以来的最高值，公司当年汽车销售合计 62045 辆，同比增长 295.24%；公司当年整体成本控制降幅超过 15%，销售网络由 2017 年底的 170 余家增长至 284 家，实现了对观致汽车的挽救与帮扶，避免了企业走向破产，保障了数千名员工的就业，具有良好的社会意义。

本节介绍了问题企业和问题资产重组案例，从模式上看，既有收购不良债权后以标的资产股权抵债，并将优质资产转让给产业方的方式，也有联合产业投资方融资并购入标的企业标的资产的方式，以及利用破产重整机会，洗壳注入资产上市的方式。可以看出，在问题企业和问题资产重组模式中，关键在于寻找合适的产业方，以及对问题企业和问题资产注入资金，恢复其正常经营。问题企业和问题资产重组在非金业务中的操作更为复杂，门槛也更高，不良资产经营机构可以发挥其解决债务的专业优势，与产业方优势互补，盘活问题企业和问题资产。

7.6 问题企业和问题资产业务模式思路探讨

问题企业和问题资产市场是非金融企业不良资产市场的增量市场，也是不良资产经营机构不良资产主业精准发力的细分市场。

不良资产经营机构展开对问题企业和问题资产重组，接近于主动控制性策略，其不良资产形态多样化，考验不良资产经营机构对问题企业和问题资产的理解和操作能力。综合化解决方案是盘活问题企业和问题资产的重要手段，而结构化融资设计是业务模式的核心。问题企业和问题资产的盘活最终还是以企业恢复自身造血能力为目的，因此产业方的融合对问题企业和问题资产的激活作用必不可少。对于不良资产经营机构而言，主要是理清问题企业和问题资产及结构化融资。

不良资产经营机构应从非金融企业不良资产收购入手，向问题企业和问题资产市场发力。在问题企业和问题资产业务中，应审慎判断问题资产现存资产的变现价值范围及债务情况，再决定是否参与重整投资、设计交易结构。通常情况下，问题企业和问题资产基本已处在破产边缘，从发达国家经验看，大型公司的破产重整时间大于小型公司，但大型公司破产重整后实现再生的概率及通过预重整的概率均超过小型公司。考虑到国内大型公司破产重整机遇并不多，而且同类金融机构竞争大，因此，若不良资产经营机构围绕中型民营问题企业和问题资产开展业务，既可以实现资金的高周转，也能规避国有企业破产重整过程中国有资产流失的问题。

第 8 章 我国非金融企业不良资产业务模式建议

随着金融严监管的深入和落实，金融领域企业仍面临持续调整业务方向及提升合规经营水平的严峻形势。从四大资产管理公司看，目前其均有调整业务条线、聚焦不良主业及综合金融手段服务实体经济的趋势。2023 年以来，不良资产经营机构，尤其是四大资产管理公司积极把握监管政策和要求，审时度势，及时调整业务经营战略和思路，并基于“大不良”等方向开展业务模式的新探索，取得了很好的成绩，但仍然面临一定的挑战，特别是对公司稳定收益来源贡献度最大的非金业务领域。

四大资产管理公司最先开展非金业务模式探索，在业务模式创新上处于国内领先水平，从非金业务规模上看也在国内处于前列。从过去至今的经营业务看，非金业务盈利稳定、现金流可持续，已经成为不良资产主业的重要基石，也是公司收入和利润的重要来源和保障。从业务模式上看，基于非金融企业不良资产开发的附条件重组模式，能够很好地满足企业客户的需求，解决了其短期流动性问题，将商业风险提前阻断解除，以免其渗入金融领域。然而发展至今，也暴露出若干问题，如被认定为类信贷，收购债权来源不真实及行业领域集中于房地产等。基于当前不良资产经营机构资金成本“高企”，以及房地产市场的长期形势变化等因素，附条件重组业务利润减薄，风险敞口也在增大。

面对严峻的经营形势，不良资产经营机构主动调整策略，拓宽“大不良”边界，及时调整业务模式及资产配置方向，探索市场化债转股、不良资产证券化、实质性重组、托管清算等符合监管政策，综合化、多手段的不良资产业务模式。在非金业务领域，不良资产经营机构也清醒地认识到，简单的债务重组并不能改善和提升企业效率，并积极深挖“大不良”机会，注重以非金收购为切入点，以问题为导向，以客户为中心，提供为问题企业和问题资产量身定制的综合金融服务解决方案。本研究在此基础上，对不良资产经营机构探索非金业务模式提出建议。

8.1 开展非金融企业不良资产业务的基本原则

1.端正经营理念，坚持差异竞争

（1）端正经营理念

提高政治站位，要深刻把握金融工作的政治性和人民性，提高政治判断力、政治领悟力、政治执行力。坚持主责主业，紧扣服务实体经济和供给侧结构性改革，发挥金融救助器和逆周期工具功能，助力化解实体企业风险。积极围绕问题企业和问题资产，将实质性重组作为非金融企业不良资产处置的主要方式和培育自身核心竞争力的重要手段，积极探索有效的方式和举措，更好地服务实体经济。

（2）坚持差异化竞争

不良资产业务作为金融体系后端风险化解的关键一环、重要部分，与大部分银行、租赁、信托等业务差异较大，应实行差异化经营，非金业务多做“价值再造”和“雪中送炭”，走差异化、特色化经营发展之路，积极支持面临暂时性困难但有良好前景和良好预期的企业，帮助企业解开债务链条，剥离低效资产，盘活存量资产，促进企业解困重生。

（3）科学把握时机

在企业因经营出现暂时流动性困难的情况下，将金融资源用于有发展前景但又确需流动性救助的企业。避免假借救助之名，违规收购企业之间不真实的不良资产或正常资产，形成“类信贷”路径依赖。待企业恢复正常生产经营后，要适时退出，及时腾出资源投向更需救助的企业，严防通过非金业务助长企业盲目扩张、过度负债而酿成更大的风险。

2.加强内控管理，严格调查审查

（1）完善内控制度

参与非金业务的金融机构应结合实际业务制定非金业务管理办法，明确客户筛选标准，严格选择准入客户，对于涉及民间借贷的企业或项目要审慎介入。明确非金不良资产真实性判定办法，明确问题企业和问题资产认定标准，制定实质性重组业务具体操作细则。防范非金不良资产认定不审慎、问题企业认定不准确、变相为企业融资等问题。

（2）收齐证明资料

全面收集业务发生的基础合同及协议、贸易背景证明、双方企业会计报表、各交易方银行账户流水等资金收付凭证、债权债务关系确认书、拟收购资产为存量不良资产的性质证明材料、原债权人和债务人相关征信信息、舆情信息，以及是否涉及民间借贷等方面的材料，取得资产各相关方对拟收购标的资产权属关系真实性、合法性、有效性和准确性的承诺与保证。

（3）审慎确认债权

收齐证明材料后，应综合运用现场调查、非现场调查和外围调查等多种方式，验证收购标的资产权属关系真实性，不能单纯依赖资产出让方、债务方等交易相关方提供的材料。对于合同发票，应在跨月查验真伪的基础上，在原件上加盖“债权已出售”的签章。要深入分析，充分印证拟收购标的为存量不良资产且存在价值贬损的情况，不得简单以借款合同到期而债务人未能还款作为不良资产认定标准。严格审核原债权债务形成原因，不得收购仅有资金划转但没有实际对应资产的往来款，不得收购无真实交易背景的债权资产，不得借收购非金不良资产名义为企业或项目提供融资，不得在违反国家宏观调控政策情况下开展非金业务。

（4）合理确定价格

审慎评估拟收购资产的价值，定价结果应当充分体现对风险和成本的覆盖及不良资产价值贬损的特征，避免因随意提高收购价格或随意豁免债务而导致的最终风险和损失。按照相关监管要求，未经审慎、客观、合理评估论证，不得采取“原值收购”。

3.健全风控机制，强化风险管理

（1）健全风控机制

切实发挥三道防线职责，加强项目实质性审核和全流程管理，严格落实各项风控措施，加强投后风险监测。建立健全风险限额管理机制，加强前十大客户名单制管理，切实防范“垒大户”风险。对同一集团客户应建立管理台账，并严格控制行业集中度，投向单一行业的资产超过非金不良资产余额 50%的，按照相关监管要求，应及时向监管部门报告集中度控制措施。

（2）做实资产质量

审慎评估偿债主体的还款能力，对以信用风险为主要特征的资产，应根据资产质量变动情况，严格按照真实、准确、及时、动态的原则进行不良资产估值和资产风险分类，足额计提资产减值准备，特别是对于出现重大不利变化的资产，应及时下调资产风险分类，不随意回调资产风险分类和资产减值准备，不采取任何方式掩盖或隐藏内生不良资产。

8.2 开展非金融企业不良资产业务的方向

1.合规稳健发展，突出差异化和个性化

不良资产经营机构是金融市场的稳定器，解除实体企业经营风险的“灭火器”，合规经营、守好防范金融风险的“最后一道门”至关重要。非金业务在

不良资产经营机构业务领域中最接近于标准化产品，其复制性强，倘若不严格落实监管规定，稍有盲区，就可能会引发系统性金融风险，同时，非金业务是不良资产经营机构主业，其稳健发展有利于确保不良资产经营机构盈利可持续、流动性风险可控和现金流稳定，做到稳中求进。同时，资产管理公司作为金融市场中差异化及个性化属性强的金融机构，非金业务也应符合公司差异化和个性化的需求，充分吸收银行、信托、证券等其他金融机构业务模式的特点，优化自身业务模式，使其符合公司客户的诉求。

2.注重信息驱动，搭建专家体系

当前金融科技如人工智能、云计算等新兴技术正加速改变金融市场，虽然不良资产市场面对各类形态的不良资产，操作个性化、非标准化难度大，但应看到不良资产经营机构所有业务模式的本质是短中期的“高杠杆+浮动利率”产品，对于风险及收益的把控应该比银行要求更高，因此需高度重视运用金融科技对业务的改造。对于非金业务的开展，由于面对的市场主体都是各类企业，业务模式设计基础的痛点在于信息不对称及把握安全性、流动性、效益性之间的关系，因此从实际的非金业务开展以来，不良资产经营机构也会展开尽调，与第三方评估、专家团队及当地政府等机构沟通，但仍是走专家评判的方式，缺乏对于企业信息数据的掌握及深层次分析，也缺乏信息数据驱动业务的理念。个性化、非标化的应用已在制造业被不断试用更新，技术方面已具备一定的基础，应充分运用金融科技，将个性化、差异化的业务模式逐步标准化、模块化。同时，虽然我国严令对于金融机构运用主动控制性策略控制实体企业，但是从以往的案例可以看出，不良资产经营机构通过积极参与存量资产的公司治理，很好地盘活了企业。因此，从盘活企业角度看，不良资产经营机构除了规范企业治理结构，更应该在业务模式中充分考虑对于企业经营的助力，即利用在特定行业的深耕优势，为企业推荐优秀的人才专家，为企业解决经营团队之困境。

3.借助投行理念，打破业务模式边界

非金业务本质是以不良债权为来源债务置换形式谋取固定收益的业务模式，因此应逐步打破以银行信贷思维为主的非金业务模式，探索以非金收购为切入点，实现“固定收益+浮动收益”的综合业务模式。同时，以简单业务模式划分的职能管理已发生变化，以非金融企业不良资产为切入点，传统、非金、资管、股权、资金等业务条线都可以实现协同。同时，应加强与产业龙头、重点客户的合作，以非金收购业务为支点，整合“金融资本+产业资本+人力资本”，逐步建立收购重组类、“收购重组+综合金融服务”等多层级产品体系。同时，也应该重视刻意强调投行理念的弊端，从过往因外延式并购重组方式最终陷入经营困境的企业看，对于实体企业，采取过于繁杂的创新金融手段，实现短中期收益而疏忽企业的长期发展，未必能帮助企业成长为优秀企业。

4.深耕特定行业，服务实体经济

不良资产经营机构发展多年以来，已深耕地产、能源、化工等领域，在这些领域也积累了庞大的客户群体。而对于非金业务而言，主要深耕于房地产领域。在房地产领域，非金业务应坚持“好客户、好城市”策略，重点服务国内排名靠前的大型房企，地域选择上重点布局一线、强二线城市，以及京津冀、长三角、粤港澳大湾区三大都市圈，并关注长租公寓、养老地产、城市更新等细分领域，同时应积极与公司长期股权配置相关的能源、化工等领域的重点存量客户展开上下游产业链的并购融资及旗下所属资产整合上市等工作。同时，应该关注地产配置的合理性及科学性，更应充分认识到我国发展还处在解决区域发展不平衡、优化经济结构的阶段，过于参考发达国家同类机构对于房地产的配置并不可行，也弱化了不良资产经营机构服务我国实体经济发展的能力。不良资产经营机构应在投资链条中专注于成熟行业重组优化的机遇，并充分分析当前终端需求总量恒定、增长接近天花板的领域，其兼并重组的机遇大有所在，积极配合我国国家战略、内部经济结构调整、产业升级的步伐，开拓新行业、新领域。

8.3 寻找价值洼地，优化收购重组业务模式

非金业务开展至今，其成熟的、可复制的、具有可操作性的模式，即是附条件重组模式。虽然当前融资成本“高企”，以赚取利差为主的附条件重组模式备受质疑，但可以看到其仍是可以优化并作为公司固定收益的重要业务。附条件重组业务模式本质是短期固定利率产品，业务模式简单清晰，其模式基于商业债权，可以迅速有效地解决企业短期流动性，保持稳定经营。对于非金融企业而言，如果短期增加利息支出，可以保证其平稳的现金流流入，从长期盈利角度考虑是划算的，而这类模式与实际中电力领域调峰调频类似，客户会为保障系统的安全稳定运行而付费。同时，从全球经历经济危机的主要国家来看，在摆脱经济危机、实现经济复苏的经济政策中，适度宽松的货币政策是必不可少的，与我国对非金融企业定向降低融资成本基本吻合。因此在低成本融资环境下，企业偶尔因短暂流动性而加大短期利息支出并不会拖累其正常经营发展。

为解决模式上的利差收窄、风险可控的问题，寻找价值洼地是收购重组业务模式的优化关键。可以看到，传统收购重组模式（附条件重组模式）由于对标客户集中于房地产领域，客户类型多数为民企，隐形负债不好估量，业务类型多为高杠杆，现金流长期紧张，因此在房地产长期发展态势调整下，应寻找行业及机会的价值洼地。本书主要选取基础设施类、资管产品及辅业资产类别来阐述其对附条件重组模式的优化。可以看出，基础设施类涉及地方政府，参与者大部分是国有企业，同时基础设施授信通常由银行等发起，规范性强；资管产品涉及上市公司，信息透明程度高；辅业资产通常由产业龙头及国有企业发起，其操作流程规范。从上几类方式可以看到，基础设施建设及资管产品融资结构是杠杆型，而未即目标是传统授信，较为困难，而对于辅业资产剥离重组更是在信贷体系中融资困难。除去本研究中给出的典型行业外，还包括其他

供应链现金流时间点结合高的领域，如消费电子类行业，其新产品周期为 4 个月，若无法当期及时现金提收供应商产品，则可能导致存货计提减值，企业现金流彻底出现问题。

因此，固定收益类资产是不良资产经营机构底层基础资产，为其积累大量的客户资源。建议优化传统收购重组模式（即附条件重组业务模式），将其明晰为企业解决短期流动性的短期固定利率产品，并寻找价值洼地，积极融合财政拨款、银行信贷、券商融资等产品的特点，运用金融科技手段，将其改造成标准化、规模化的解决企业短期流动性的方案。

8.4 股债合理配比，特色化、市场化债转股业务模式

市场化债转股的开展有利于非金融企业降低杠杆率，出清不良资产，防范流动性风险，同时市场化债转股也有利于不良资产经营机构获取超额浮动收益。自国家实施市场化债转股政策以来，不良资产经营机构为国家相关部门出台政策建言献策，并完成了一批有社会影响力、标杆性的市场化债转股项目，如民营企业第一单市场化债转股（华友钴业市场化债项目），取得了良好的社会反响及较好的收益。

市场化债转股业务的参与主体众多，资金方、产业方的诉求不同，AIC 主要完成国家市场化债转股专项资金投放，解决母行不良资产出表，并对有长期超额收益的项目留存在集团内，增加集团利润。从模式上看，AIC 搭建基金，投放资金，采用发股还债模式，收益回报以企业分红为主。可以看出，AIC 更倾向于选择有意降低负债率但实际负债率并不严重的优质企业，模式上更接近于“明股实债”。AIC 相比资产管理公司，资金成本低，背靠母行，资源丰富，实施市场化债转股的优势明显，从已投放的市场化债转股规模上，AIC 的规模也超过传统的资产管理公司。

虽然资产管理公司面临AIC的强力挑战，但是可以看到，AIC对于回报的诉求有别，市场客户在一定程度上重叠但明显呈现差异化，转股方式上也有发股还债、收债转股、以股抵债等模式，从案例上看，资产管理公司也是市场中少有以坚持收债转股方式实施市场化债转股的机构。因为在市场化债转股中，债权转股权的方式具有多样性，其利润来源也并非用分红解决，如可以通过调整转股估值、债权打折等实现。因此相较于AIC，资产管理公司应充分运用自身在债权收购处置、股权经营管理等方面的经验优势，走市场化债转股模式特色化之路，弥补在资金和资源上的劣势。同时，市场化债转股应采用股债结合的模式。由于股权和债权的不同属性，债权的保留有利于保障股权的安全性，保证近期还款现金流的稳定，降低资金压力，而持有股权保证远期超额收益。

在当前经济形势下，资产管理公司应认清中国经济有韧性、有底气、有后劲，中国企业还处于提质增效进程中，建议以非金融企业不良资产为切入点，在市场化债转股模式上积极设计结构化基金，降低自有资金沉淀，丰富市场化债转股模式，同时优化股债配比，有助于开展市场化债转股实际业务以优化中长期资产配置。

8.5 精心设计结构，发力问题企业和问题资产重组业务模式

近两年，非金融企业经营风险被频繁曝出，“黑天鹅”事件屡见不鲜，曾经被市场公认的好企业都出现重大问题，沦为问题企业和问题资产。问题资产市场是“大不良”市场的增量市场，也是不良资产主业精准发力的细分市场。

相较于收购重组、市场化债转股等模式，问题企业和问题资产更接近于主动控制性策略，其不良资产形态复杂多样，更考验对盘活企业及资产的通盘掌

控能力。对于问题资产问题企业，单一解决方案难以满足其解决经营、产品、财务等多方面问题的需求，主导方资产管理公司要充分考虑项目各方的利益诉求，精心设计科学合理的重组解决方案，实现各方利益的最大化。从业务模式上看，无论是并购融资、反向收购还是重整 DIP 融资，资产管理公司都必须主动把握机会，坚守资金方的角色，同时利用自身不良资产经营优势，厘清问题企业和问题资产的债务关系，同时积极引入实力雄厚的产业方参与对问题企业和问题资产的重组，实现问题企业和问题资产的价值修复。

作为专业化不良资产经营的金融机构，对于问题企业和问题资产重组，在业务模式上既需要合理运用投行思维，搭配好产品，设计好交易结构，又要定位于资金方，解决盘活问题企业和问题资产的资金问题。从前文总结的三种模式上看，虽然目标主体所处的企业生命周期不同，但其融资需求都是一致的，不良资产经营机构对于问题企业和问题资产重组模式的核心，也是对融资的结构化设计，既要满足目标企业及资产的资金需求，又得实现项目的风险控制。

问题企业和问题资产的盘活，最终还是以企业恢复自身造血能力为目的，发挥“1+1>2”的效果。从并购重组案例看，不少企业重组后继续成为问题企业和问题资产，或将重组方拖累成问题企业和问题资产。因此，不良资产经营机构在业务模式设计里是“问题企业和问题资产+资金方+产业方”中介，运用好投行思维的同时，更应该站在产业角度去思考，从底层产业更替、企业商业模式等角度去探讨业务模式，这样才能更好地发挥重组的效果。建议不良资产经营机构在问题企业和问题资产业务模式探讨中利用企业自身优势，打扫好问题企业和问题资产的“前院”，精心设计交易结构，提供充沛的资金，联合产业方“进院”展开重组。

8.6 强化尽职调查，注意风险防控

上述各类非金业务模式的风险点各不相同，本书在此仅对各类模式前期不良资产收购环节的风险防控展开研究。根据实质重于形式原则，如果债权转让行为被认定为虚假收购，将可能导致债务重组协议及担保合同无效；如果被认定为借贷关系，不仅会带来非常严重的合规风险，更会使得参与的金融机构的合法权益无法得到保障。在实际业务中，最重要的仍是关注不良资产的“三性”——真实性、有效性和洁净性，其中真实性是非金业务的前提，有效性是基础，洁净性是规范和要求。

1.强化不良债权收购前期的尽职调查

在非金融机构实务中，首先是对基础债权合同及债权凭证的法律审查，尤其是对基础债权合同的效力状态、履行情况展开调查和审查，对基础债权是否多次转让、是否存在债的抵销情形、是否存在禁止转让情形等进行审查，确信基础债权具备可转让性，排除基础债权合同及债权凭证的瑕疵风险。然后，不良资产经营机构的法务人员及财务管理人员应重点对基础债权资金交付凭证、债务人企业会计报表、第三方出具的审计报告等财务资料进行审核，加强基础债权的真实性审查，确信债权让与人合同义务已经履行完毕，尽可能排除基础债权瑕疵，尽到充分的注意义务。在尽职调查过程中，应要求债权让与人和债务人如实陈述合同履行状况，共同对负债金额予以确认。

2.强化不良债权转让合同条款的审查

在不良债权合同中，应对债权让与人对基础债权合同的效力状态和履行情况、债的真实性、债权是否多次转让、是否存在债的抵销情形、是否存在禁止转让情形、是否存在放弃抗辩权等做出相应说明，确信基础债权具备可转让性，排除基础债权合同及债权凭证的瑕疵风险，并对债权让与人应承担的法律责任

做出约定。

需要特别注意的是，非金业务开展中可能出现标的资产为企业或其他组织之间直接资金拆借所形成的债权的情形，尤其是关联方之间的资金拆借情形。在尽职调查时，对此类资金拆借形成的债权，还应当重点核查基础经济行为是否因生产经营需要产生。同时，确保标的资产的可转让性。标的资产应当合法有效，在标的资产收购业务中，标的资产还应当具有可转让性，否则即使标的资产本身合法有效，其转让协议仍将因违反法律法规而无效。应当注意标的资产不应属于法律、行政法规禁止或者限制转让的标的物，应判断标的资产是否存在优先权利且优先权利是否未被放弃。

8.7 有关政策建议

8.7.1 拓宽融资渠道，优化资产负债期限匹配度，防范流动性风险

考虑到不良资产经营机构不良资产主业资金单笔占用规模较大，资产端项目具有风险较为集中、周期长、回收期限不确定等特点，应从政策层面为不良资产经营机构的主业开展提供稳定的资金支持。一是加大债券融资支持力度，从发行审批方式、发行额度及发行品种上给予更强的灵活性，如增加发行规模和频率、缩小审批周期，允许发行长期债券替代短期借款，鼓励保险资金、银行表外理财等长期资金成为资金供给方等；二是鼓励降低商业银行对资产管理公司同业借款和发行债券的资本占用，进一步细化建立非银金融机构信用资质与资本占用挂钩动态调整机制，推动商业银行根据非银金融机构客户资质自行

调整客户资本占用比例，并参照政策性银行或者商业银行资本占用比例，将资本占用额度降至25%以下。

8.7.2 完善资本市场信用体系建设，理顺融资市场，规范企业融资

非标业务市场定价机制问题是当前资本市场面临的共性问题，规范融资市场定价机制是当前资本市场健康发展的重要着力点。一是建立健全统一的资本市场信用体系，扩大市场主体信息覆盖面，支持非标产品与标准化融资产品被统一纳入市场主体融资信息库，允许资金方将产品上报信息库并不定期更新，便于市场全面了解融资方债务情况；二是优化评级生态体系，由“监管驱动”向“市场驱动”转变，对市场化融资行为放宽监管层面对评级等级的硬性门槛要求，同时强化对评级各个节点的市场主体监管，加强融资方信息充分有效透明披露，严厉打击中介机构协助融资方粉饰报表的行为，重点查处收取不合理费用，为融资方筹措资金的中介机构，强化信用评级机构的评级法律责任；三是细化以违约率为核心的评级质量验证机制条款，拓宽违约率概念边界，将融资方恶意调整非标产品债务偿还行为纳入违约率识别范畴，规范企业融资行为。

8.7.3 突出产业结构调整实质，放宽特定行业重组限制，赋能产业发展

对于供给侧结构性改革重点关注行业，如煤炭、钢铁等，采取重实质原则，即不良资产经营机构介入仅为联合战略投资者获取标的企业，实现对标的企业重组，放宽其重组业务开展限制。一是围绕特定行业重组合作建立白名单，筛选包括国内相关行业的重点国有企业及大型优质民营企业，允许资产管理公司

与这类企业设立 SPV，SPV 层面实施备案制，允许在投资至退出前以风险防控为目的，阶段性地控制企业，并允许不良资产经营机构对 SPV 在一定时期内（3 年或 5 年）不并表；二是适当提高对重组标的企业追加投资的资金比例，确保企业实现复工复产，实现价值修复；三是允许对于此类优化产业结构的业务开设绿色通道，发行专项债券且专款专用，降低重整的资金成本。

对于国家战略性新兴产业，激活赋能实体经济，鼓励根据商业化、法治化原则，增加对新兴产业的股权项目投资，成为新兴产业与传统产业的嫁接纽带，并以此调节内部资产配置风险敞口。一是降低股权投资风险权重，鼓励大力开展市场化债转股；二是开设绿色审批通道，允许不良资产经营机构公开发行战略性新兴产业债转股专项债券。

8.7.4 适度放开境外业务，探索资产管理公司服务共建“一带一路”项目

我国把共建“一带一路”作为对外开放和对外合作的管总规划，统筹国内国外两个大局的顶层设计。建议不良资产经营机构采取“边排查前期发展风险，边重启海外业务”的策略发展境外业务，具体包括：一是明确境外业务主体功能定位、业务范围、授权范围，赋予相关主体参与“一带一路”项目建设的经营许可；二是允许根据外部项目盈利情况，抓住海外低利率市场环境，发行海外中长期债券，专项用于共建“一带一路”项目，可适度考虑划转部分外汇储备优化募集资金结构，增强外部投资人信心；三是“一带一路”项目主责部门引导对项目进行商业化运作，以国内沿边开发开放实验区为境内突破点，以中资海外基础设施建设和上游资源并购为境外切入点，实施重大项目备案制并全程管控，同时相关监管部门对参与“一带一路”项目建设的机构实行单独考核，凭项目利润更高比例留存予以激励。

同时，开展“一带一路”项目建设还需关注两点：一是当前“一带一路”项目建设面临较严峻的环境和气候风险，致使底层资产价值重估具有较大不确定性，这对不良资产经营机构商业化盈利能力提出更高的要求；二是共建“一带一路”国家的大型企业主体不多，虽然境外业务可以依托国内央企或者大型民企开展，但从长期看，还需加大服务本地企业的力度，提高金融科技水平，提升服务长尾客户的能力。

8.7.5 适当阶段性赋予政策性职能，确保平稳转型

面对当前不良资产市场规模保持增长的态势，及回归主业的强监管要求，不良资产经营机构需兼顾发挥化解不良资产功能、强化内部风险管控和保持业务规模不大幅下滑，以实现稳健发展。在当前阶段实现三者兼顾难度较大，尤其是回归主业，彻底摆脱“类信贷”路径依赖，主业将面临回现周期长、处置周期长、业务难度上升及链条复杂的局面。应酌情考虑阶段性赋予政策性职能，确保不良资产经营机构平稳渡过转型阶段。一是识别政策性业务开展范围，允许其开展政策性业务，明确政策性业务和经营性业务边界，对政策性业务和经营性业务实施分账管理、分类核算，明确责任和建立风险补偿机制；二是对不良资产经营机构开展政策性业务重点考核，拓展实体经济风险化解覆盖面，坚持保本微利原则，弱化利润考核或设定特定时限暂不对其开展利润考核，强化跨周期风险化解功能的发挥；三是允许不良资产经营机构对地方城投平台和国有企业低效资产、辅业资产承接设立非金融子公司，在过渡期（3 年或 5 年）暂不按照《银行保险机构关联交易管理办法》要求，并对其实施单独核算，引导不良资产经营机构对欠发达地区政府平台和国有企业实施救助，并将其部分本金偿还纳入地方政府财政预算范畴。

参 考 文 献

[1]中国社会科学院世界经济与政治研究所.2023—2024 年世界经济形势分析与展望[J].当代世界，2024(01):16-23.

[2]陈雨露.以金融强国建设全面推进中国式现代化[J].红旗文稿，2023(24):11-15.

[3]中央金融委员办公室，中央金融工作委员会.坚定不移走中国特色金融发展之路[J].中国金融家，2023(12):13-16.

[4]李慧颖.金融资产管理公司发展现状、监管困境及治理研究[J].海南金融，2021(04):59-66.

[5]刘志红.促进金融资产管理公司高质量发展[J].中国金融，2023(22):31-34.

[6]林冬元.我国金融资产管理公司商业化转型研究[J].金融论坛，2009，14(04):67-73.

[7]田欣宇.资产管理公司开展非金融业务研究[J].中国科技信息，2006(01):59+63.

[8]孟宪颖.金融资产管理公司商业化经营存在的问题及相关对策[J].华北金融，2016(06):64-66.

[9]贾瑛瑛，刘宏振.中国华融的新征程：访中国华融资产管理股份有限公司党委书记王占峰[J].中国金融，2018(16):18-20.

[10]赵静，郭晔.金融强监管、影子银行与银行系统性风险[J].中国管理科学，2023，31(07):50-59.

[11]黄益平.防控中国系统性金融风险[J].国际经济评论，2017，(05):80-96+5.

[12]魏伟，陈骁，张明.中国金融系统性风险：主要来源、防范路径与潜在

影响[J].国际经济评论，2018(03):125-150+7.

[13]姜昆.当前形势下中国不良资产市场的发展研究与建议[J].金融会计，2020(06):57-65.

[14]刘再杰.金融资产管理公司双重转型之路：经验、问题与建议[J].国际金融，2020(01):63-68.

[15]杨闯.金融资产管理公司监管困境与治理举措[J].中国市场，2022(21):42-44.

[16]安世友.金融资产管理公司支持实体经济的路径选择[J].西南金融，2018(04):3-9.

[17]刘晓欣，陈天鑫.不良资产处置的理论逻辑与中国的实践创新[J].社会科学战线，2022(10):84-93+281.

[18]李玲.我国金融不良资产的发展趋势、监管政策与处置机制：兼论大型资产管理公司的战略取向[J].新金融，2015(11):38-44.

[19]桑生娟.国有金融企业不良资产处置管理研究[J].企业改革与管理，2023(15):34-36.

[20]曹辉.商业银行不良资产界定及处置方式的研究[J].时代金融，2022(04):93-95.

[21]黄德忠.谈企业不良资产的界定[J].财会月刊，2007(31):25-27.

[22]高晓玲.企业不良资产的成因及对策[J].会计师，2017(18):20-21.

[23]张哲，国有企业不良资产成因及处置策略的思考[J].财经界，2022(24):30-32.

[24]翟华明.不良资产的界定及对EVA值计算的影响研究[J].商业会计，2010(13):7-8.

[25]International Valuation Standards.The International Valuation Standards Committee.2005.

[26]Sharpe， William F.Capital conditions of risk asset prices： A theory of market equilibrium under 1.The Journal of Finance.1996.

[27]FDIC.History of the Eighties：Lessons for the Future.1997.

[28]FDIC.Managing Crisis：The FDIC and RTC Experience.1998.

[29]International Monetary Fund.Financial Sector Crisis and Restructuring：Lessons from Asia.Washington，D.C.1999.

[30]Dziobeck，Claudia，Ceyla Pazarbasioglu.Lessons from System Bank Restructuring：A Survey of 24 Countries.International Monetary Fund Working Paper.1997.

[31]Guonan Ma.The experience of Asset Management Companies in Asia：implications for risk management and policy.The Fourth Forum for Asian Insolvency Reform(FAIR).2004.

[32]Ross P. Buckley.Emerging Markets Debt：An Analysis of the Secondary Market.2001.

[33]Daniela Klingebiel.The use of asset management companies in the resolution of banking crises-cross-country experience.Policy Research Working Paper No.2284.2000.

[34]David Cooke，Jason Foley.The Role of the Asset Management Entity.An East Asian Perspective.1999.

[35]Adriaan M. Bloem，Cornelis N. Gorter.The Treatment of Nonperformancing Loans in Macroeconomic Statistics.IMF Working Paper.2001.

[36]程凤朝.金融不良债权整体评估方法研究[J].会计研究，2004(10):71-78.

[37]纪益成，叶敏琦.金融资产管理公司不良资产处置评估有关问题探析[J].中国资产评估，2004(03):32-35+7.

[38]靳晓.金融不良资产评估的现状及解决建议[J].时代金融，2018(17):54+64.

[39]金发奇，刘彩虹.金融不良资产价值评估方法研究[J].山东财经大学学报，2014(05):21-25+121.

[40]刘澄，曾琳，祁卫士.金融不良资产的价值评估方法[[J].商场现代化，

2007(15):52-53.

[41]周毓萍.基于神经网络的不良资产价值评估[J].统计与决策，2003(09):30-31.

[42]唐莹.假设清算法在金融不良资产评估实务中的优化[J].财会月刊，2016(24):76-78.

[43]屈炜杰.地方资产管理公司不良资产业务转型研究[J].区域金融研究，2023(04):80-90.

[44]王国栋.资产管理公司收购处置实体企业不良资产的业务模式及建议[J].中国商论，2022(02):84-86.

[45]王茂瑞.浅论我国资产管理公司不良资产处置方法及其弊端[J]现代商贸工业，2007(04):20-21.

[46]郑晓茗.商业银行不良资产处置制度安排与政策建议[J].中国外资，2022(08):80-82.

[47]卢思锦.金融资产管理公司不良资产处置模式探析[J].时代金融，2023(06):27-28+38.

[48]孙方.不良资产业务合作处置的效益分析：基于转让劣后级收益权模式[J].财会月刊，2015(34):40-43.

[49]田欣宇.资产管理公司开展非金融业务研究[J].中国科技信息，2006(01):59+63.

[50]李岚.不良资产收购范围将扩至非金融债权[N].金融时报，2012-10-27(1).

[51]沈晓明.金融资产管理公司理论与实务[M].北京：中国金融出版社，2014.10.

[52]何力军，刘原，宋鹏程.中国非金融机构不良资产市场的特点、行业分布与发展趋势[J].金融论坛，2014，19(07):53-58+69.

[53]张贵礼.非金融机构不良资产收购业务有关问题探究[J].产业与科技论坛，2013，12(10):45-46+226.

[54]曹辉.非金融企业不良资产业务模式研究[J].现代经济信息，2018(20):243-245.

[55]黄赜琳，朱保华.中国经济周期特征事实的经验研究[J].世界经济，2009(07):27-40.

[56]梁琪，滕建州.中国经济周期波动的经验分析[J].世界经济，2007(02):3-12.

[57]刘树成.论中国经济周期波动的新阶段[J].经济研究，1996(11):3-10.

[58]施发启.中国经济周期实证分析[J].统计研究，2000(07):59-62.

[59]王建军.Markov 机制转换模型研究：在中国宏观经济周期分析中的应用[J].数量经济技术经济研究，2007(03):39-48.

[60]郑挺国，王霞.中国经济周期的混频数据测度及实时分析[J].经济研究，2013，48(06):58-70.

[61]欧阳志刚.中国经济增长的趋势与周期波动的国际协同[J].经济研究，2013，48(07):35-48.

[62]何青，钱宗鑫，郭俊杰.房地产驱动了中国经济周期吗？[J].经济研究，2015，50(12):41-53.

[63]黄赜琳，朱保华.中国的实际经济周期与税收政策效应[J].经济研究，2015，50(03):4-17+114.

[64]谭小芬，王欣康.历史视角下的金融周期和经济周期[J].中国外汇，2023(13):12-15.

[65]汪红驹，汪川.国际经济周期错配、供给侧改革与中国经济中高速增长[J].财贸经济，2016(02):5-19.

[66]郎丽华，周明生.经济增速换档期的体制改革与发展转型：第八届中国经济增长与周期论坛综述[J].经济研究，2014，49(10):179-183.

[67]王有鑫，王祎帆，杨翰方.外部冲击类型与中国经济周期波动：兼论宏观审慎政策的有效性[J].国际金融研究，2021(03):14-26.

[68]刘金全，于洋，刘汉.经济新常态下中国增长型经济周期的波动性与持

续性研究[J].吉林大学社会科学学报，2017，57(03):5-16+204.

[69]郑江淮，宋建，张玉昌，等.中国经济增长新旧动能转换的进展评估[J].中国工业经济，2018(06):24-42.

[70]曹冬艳，曹艳秋，孙志强.基于经济发展阶段差异的经济增长动力演变研究[J].市场周刊，2018(10):140-141.

[71]申萌，万海远，李凯杰.从“投资拉动”到“创新驱动”：经济增长方式转变的内生动力和转型冲击[J].统计研究，2019，36(03):17-31.

[72]曹裕，万光羽.关注企业生命周期[M].北京：经济科学出版社，2010.03.

[73]Haire M.Biological Models and Empirical History of the Growth of Organizations.Modem Organizational Theory.1959.

[74]Larry E. Greine.Evolution and revolution as organizations growth[J].Harvard Business Review，1972，July-Augest:37.

[75]Churchill N. C.， Lewis V. L.The five strategies of small business growth[J].Harvard Business Review，1972，July-Augest:37.

[76]Miller D.， Friesen P. H.A longitudinal study of the corporate life cycle[J].Management Science，1984，30:1161-1183.

[77]Anthony.Financial Risk Cover Analysis，Modeling Control and Monitoring System.2012.

[78]Daniela Bens， Venky Nagar， M. H. Franco Wong.Real Investment Implications of Employee Stock Option Exercises[J].Journal of Accounting Research.2002(2).

[79]叶建芳，李丹蒙，唐捷.企业生命周期、债权治理和资产减值[J].财经研究，2010，36(09):26-36.

[80]Yuji Honjo.Business failure of new firms：An empirical analysis using a multiplicative hazards model[J].International Journal of Industrial Organization.2000(4).

[81]Hubert Ooghe，Sofie De Prijcker.Failure processes and causes of company

bankruptcy：a typology[J].Management Decision.2008(2).

[82]房林林，徐向艺.生命周期视角下资本结构的动态调整研究：以制造业上市公司为例[J].山东大学学报（哲学社会科学版），2014(06):129-138.

[83]马春爱，韩新华.基于不同生命周期的财务弹性与投资效率关系[J].系统工程，2014，32(09):35-41.

[84]罗时空，龚六堂.企业融资行为具有经济周期性吗：来自中国上市公司的经验证据[J].南开管理评论，2014，17(02):74-83.

[85]崔海红.宏观经济波动、企业生命周期与资产处置[J].中国注册会计师，2017(05):69-73+3.

[86]Altman E.Financial Ratios：Discriminant Analysis and the Prediction of Corporate Bankruptcy[J].Journal of Finance，1968，23(Sept.):589-609.

[87]Strong John，S. Meyer，John R.Asset Write-downs：Managerial Incentives and Security Returns[J].Journal of Finance，1987(2):643-661.

[88]Elliott J. A，Shaw W. H.Write-offs as Accounting Procedures to Manage Perceptions[J].Journal of Accounting Research，1987(supplement):91-144.

[89]高郁掬，步淑段，王彩燕.我国上市公司不良资产测评研究[J].当代经济管理，2008(02):77-80.

[90]邵剑兵.企业再造理论[J].经济管理，2000(01):62-63.

[91]吴宗杰，黄业德.企业再造的理论分析与借鉴思考[J].科学管理研究，2001(01):8-12.

[92]陈爱玲.国有资本退出与国有企业再造[J].经济问题，2005(08):44-45.

[93]王永莉，唐章奇.银行业处置不良资产的国际经验[J].中国改革，2005(01):69.

[94]张秀豪.我国银行不良资产处置模式及其优化研究[D].浙江大学，2021.

[95]余俊萱.金融不良资产并购重组价值提升研究：基于资产重组业务模式分析[J].银行家，2023(04):92-95.

[96]卢鹏宇.非金融企业债务风险处置的方式与启示：以四川省为例[J].西部

金融，2017(04):72-76.

[97]刘威.金融资产管理公司非金融不良资产业务风险防控[J].合作经济与科技，2021(15):152-153.

[98]钟彦冰.金融资产管理公司非金融债业务的相关分析[J].全国流通经济，2018(07):80-81.

[99]吴凡，欧阳鑫，张晓燕.资产公司非金融企业不良资产业务研究[J].新金融，2019(11):46-49.

[100]周晓薇.金融资产管理公司非金业务风险应对策略浅析[J].全国流通经济，2019(01):129-130.

[101]周小川.关于债转股的几个问题[J].经济社会体制比较，1999(06):1-9.

[102]Naohisa Goto， Konari Uchida.How do banks resolve firms financial distress？ Evidence from Japan[J].Review of Quantitative Finance and Accounting.2012(4).

[103]李剑阁.债转股的历史经验和政策要点[J].清华金融评论，2016(05):46-47.

[104]姚佳.商业银行视角的市场化债转股[J].时代金融，2020(11):47-49.

[105]李健.市场化债转股的运作模式、实施困境与改革路径研究[J].金融监管研究，2018(07):16-32.

[106]夏丹，曾亮，张金清.资管新规与定向降准下债转股的主要模式及发展策略[J].新金融，2018(10):26-31.

[107]闫静波，贺小刚，陈元，等.困境企业价值再造：实质性创新还是策略性创新？[J].管理评论，2023，35(06):92-110.

[108]胡虎肇.浙江困境企业破产重整的探索与实践[J].浙江金融，2018(03):76-80.

[109]李冬，张盼.困境企业破产重整的机制创新探析：基于新都公司破产重整案例分析[J].中国经贸导刊（中），2018(29):101-104.

[110]吴心宇.财务困境企业跨行业转型的路径及其经济效果研究[D].江西

财经大学，2023.

[111]束庆年，王一鸣.美国问题资产与问题机构的处置[J].银行家，2014(06):89-92.

[112]宋凌峰，章尹赛楠.政府救助降低了银行系统性风险吗：美国问题资产救助计划(TARP)的分析与启示[J].中南财经政法大学学报，2022(06):93-106.

[113]李永坤，朱晋.金融资产管理公司问题资产经营策略研究[J].现代管理科学，2017(11):102-104.

[114]金融资产管理公司改革和发展课题组，李超，邵伏军.我国金融资产管理公司的改革和发展[J].金融研究，2006(04):31-39.

[115]王国松.不良资产处置模式及资产管理公司实践的国际比较[J].外国经济与管理，2004(04):34-39.

[116]陈南辉.金融资产管理公司若干法律问题研究[D].武汉大学，2016.

[117]顾杵.我国金融资产管理公司经营中存在的问题及对策研究[J].科技经济市场，2022(11):101-103.

[118]赵立彬，李单梅，赵妍，等.股市异常波动、控股股东股权质押与股价崩盘风险[J].武汉纺织大学学报，2023，36(06):67-78.

[119]郑华玲.海外特殊资产投资策略及中国市场的投资机遇[J].清华金融评论，2018(03):91-93.

[120]董欣越.如何选择实物资产的投资[J].中小企业管理与科技（下旬刊)，2017(03):30-35.

[121]付博文，卢俊杰.上市公司重组战略选择及财务效应评价：以海航基础市场化战略重组为例[J].财务管理研究，2023(12):17-22..

[122]毕艳红.广电网络公司重组上市过程中的财务问题及应对措施[J].会计师，2021(02):42-43..

[123]周黎，赵亚男.上市公司分拆上市研究：基于对同仁堂分拆上市的案例分析[J].财会通讯，2009(20):114-115.

[124]孙晓艳，宋艳霞，王晓勤，等.基于国有企业浅析资产重组下的行业

性企业主辅分离[J].中小企业管理与科技（上旬刊），2015(05):31-32.

[125]韩静.国有企业主辅分离及辅业改制存在的问题及对策[J].技术经济，2005(12):35-37.

[126]李荣融.坚持国有企业减员增效的改革方向，积极推进主辅分离改制分流促进再就业[J].中国经贸导刊，2003(03):5-8.

[127]曹佳妮.市场化债转股两种模式的适用及完善[J].市场周刊，2023，36(02):175-178+183.

[128]张明合.稳妥有序实施市场化债转股[J].中国金融，2017(04)：26-27.

[129]郭卓鑫.*ST 舜天重组自救[J].英才，2016(11):52-53.

[130]高冠栋.银行新一轮债转股业务实施模式探析[J].武汉金融，2018(03):60-64.

[131]陈长卓，徐方议，申婉，等.商业银行债转股业务研究[J].财政监督，2022(05):94-99.

[132]中国银行《破产法》研究课题三组.破产重整中的商业银行债转股困境与建议[J].国际金融，2023(12):61-65.

[133]李晨.金融资产管理公司市场化债转股业务竞争情况及发展前景[J].商业观察，2023，9(05):64-66.

[134]吴凡，谢文秀.基于市场化债转股的纾解股市暴跌风险策略研究[J].管理现代化，2019，39(02):111-114.

[135]史丁莎，王晓楠.监管新规下金融资产管理公司债转股业务发展探析[J].现代管理科学，2018(10):100-102.

[136]祝惠春.从股权和债权入手设立专项基金：多地筹资化解上市公司股权质押风险[J].商讯，2018(16):44-45.

[137]熊锦秋.纾困基金的“救”与“投”[J].金融博览，2019(06):20-21.

[138]王柄根.均胜电子：整合全球资源，收购高田资产[J].股市动态分析，2017(25):32.

[139]张广宸.化工行业上市公司并购过程中的整合风险研究：以万华化学

收购万华化工为例[J].中国新通信，2019，21(04):211-213.

[140]陆晨.融创中国收购万达施援乐视之后整合重点及发展方向预期[J].环渤海经济瞭望，2018(04):73.

[141]朱宝宪，王怡凯.1998 年中国上市公司并购实践的效应分析[J].经济研究，2002(11):20-26+92.

[142]杨盈盈.并购绩效：来自上市公司的实证研究：并购前后的绩效差异和不同并购方式的绩效比较[J].南京财经大学学报，2004(01):82-85.

[143]陈维芳.Ritus 公司并购以提高产能[J].橡胶科技市场，2005(22):18.

[144]刘洪彬，厉池彬.杠杆并购与战略联盟式股权融资：路径依赖决策分析：以天齐锂业为例[J].经济研究导刊，2023(18):68-70.

[145]丁一兵，刘紫薇.日本企业跨国并购的生产率效应[J].日本问题研究，2019，33(01):32-43.

[146]田轩.西学东渐：海外杠杆收购与公司治理[J].清华金融评论，2017(01):32-33.

[147]王聪.浅析美国企业收购及运营中的杠杆运用[J].现代营销（下旬刊），2017(07):149-153.

[148]KKR 何以杠杆收购雷诺[J].资本市场，2016(05):70-83.

[149]雷雨.共益债务融资：另类投行视角下的企业纾困方式[J].金融市场研究，2022(05):100-109.

[150]张思明.美国破产重整 DIP 融资制度研究[J].商业研究，2016(06):186-192+185.

[151]王宇红.北美破产重组法系实践与启示[J].现代金融导刊，2020(10):29-33.